JOHN RUSKIN

FRÉDÉRIC HARRISON

John Ruskin

1819-1900

TRADUIT PAR

LOUIS BARADUC

DEUXIÈME ÉDITION

PARIS
SOCIÉTÉ DV MERCVRE DE FRANCE
XXVI, RVE DE CONDÉ, XXVI

MCMIX

JUSTIFICATION DU TIRAGE :

1,383

Droits de reproduction et de traduction réservés pour tous pays.

PRÉFACE DU TRADUCTEUR

—

Le livre dont nous publions la traduction n'a pas la prétention de révéler au public français un nouveau Ruskin, après les pages si éloquentes et si vraiment inspirées de M. Robert de la Sizeranne, l'étude si consciencieuse et si complète de M. Jacques Bardoux, l'essai encore tout récent de M. André Chevrillon. Peut-être a-t-il du moins le mérite de s'adresser à un public moins restreint, parce que, tout en étant l'œuvre d'un homme qui est à la fois un philosophe, un littérateur et un artiste, il n'a été spécialement écrit ni pour les philosophes, ni pour les littérateurs, ni pour les artistes. Pour la première fois, croyons-nous, on trouvera les œuvres si nombreuses, si touffues, parfois même si difficiles à lire de Ruskin, énumérées dans leur ordre chronologique, expliquées par les circonstances où elles sont nées, succinctement analysées et commentées par un esprit clair qui n'a pas visé à autre chose qu'à les faire comprendre et à en montrer, en dépit des apparences, la liaison intime et la suite harmonieuse. C'est tout simplement un commentaire de la vie et des ouvrages de John Ruskin, un commentaire qui suit le texte de fort près, et qui constitue certainement la meilleure introduction et le guide le plus sûr pour la lecture des œuvres mêmes du grand esthète.

Depuis le beau livre de M. Robert de la Sizeranne, un grand courant de curiosité sympathique semble entraîner le public lettré de notre pays vers l'étude des œuvres de l'auteur des *Peintres Modernes* et des *Pierres de Venise*. Elles sont si étranges, ces œuvres, si éloignées, par leur style et leur composition, de toutes nos idées classiques d'ordre et de méthode, qu'elles pourront bien nous laisser quelque peu désorientés ; mais elles sont en même temps si sincères, si réellement éloquentes, si profondément suggestives, si vécues et si originales en un mot, qu'il est impossible que de leur lecture nous ne sortions pas plus riches par tous les aperçus nouveaux qui y sont jetés à profusion dans le champ de la morale, de l'art, de la religion et de l'histoire, et que nous ne nous sentions pas, en fermant le volume, améliorés au point de vue individuel comme au point de vue social.

Jamais nous n'avons eu un plus grand besoin des hautes leçons qui en découlent. C'est quelque chose sans doute que d'avoir, pour la première fois peut-être, fait comprendre à tous, par des exemples aussi ingénieux qu'abondants, la relation étroite qui relie l'art à la morale et à la vie ; c'est beaucoup, à une époque, pour laquelle le progrès matériel semble seul compter, que d'avoir poussé contre les laideurs de la vie moderne la plainte la plus passionnée et la plus déchirante qui se puisse entendre ; mais c'est mieux encore, après avoir commencé par l'esthétique pure, que de finir par nous enseigner ce que nous avons le plus désappris : le respect, l'honneur, l'amour du travail, l'obéissance à la loi morale et la fidélité au devoir.

C'est par là certainement, c'est par son côté de réformateur moral et social, par son aspect de « prophète » que John Ruskin a éveillé les sympathies de M. Frederic Harrison. Et c'est ainsi que l'on comprend comment un grand idéaliste a pu être si bien raconté, analysé et jugé par un philosophe positiviste.

Louis Baraduc.

CHAPITRE PREMIER

LES PREMIÈRES ANNÉES

On raconte que, lors de la publication du premier volume des *Modern Painters*, Sydney Smith, l'oracle reconnu de la *Revue d'Edimbourg* et de la société cultivée déclara que « c'était un livre d'un mérite exceptionnel, présentant, sous une forme aussi élégante que persuasive, les idées les plus originales et qu'il était destiné à accomplir une révolution dans le monde du goût » (*Præterita*, vol. II, 165).

Cette prédiction s'est réalisée. L'écrivain de l'ère Victorienne qui produisit le plus grand nombre de livres sur la plus grande variété de questions, au sujet duquel on écrivit le plus sa vie durant en Europe et en Amérique, qui, dans le monde de langue anglaise, laissa l'empreinte la plus directe et la plus sensible de ses goûts et de ses idées — ce fut John Ruskin. Pendant cinquante ans, il ne cessa d'écrire, de discourir et de parler à propos des montagnes, des rivières et des lacs, des cathédrales et des paysages, de la géologie, des minéraux, de l'architecture, de la peinture, de la sculpture, de la musique, du dessin, de l'économie politique, de l'éducation, de la poésie, de la littérature, de l'histoire, de la mythologie, du socialisme, de la théologie et de la morale.

Il était naturel que l'auteur de plus de quatre-vingts ouvrages distincts sur des sujets aussi variés, d'une quantité considérable de poésies, de conférences, de lettres aussi bien que de traités substantiels fût un stimulant plutôt qu'une autorité — une influence plutôt qu'un maître. Ainsi que l'a fait observer un de ses admirateurs étrangers, Ruskin charme et inspire ses lecteurs, plus qu'il ne les convainc. C'est un moraliste et un évangéliste — ce n'est ni un philosophe ni un homme de science. Mais un merveilleux pouvoir littéraire, des études encyclopédiques sur la nature et sur l'art, le tout illuminé par un enthousiasme ardent pour toutes les choses morales et sociales, devaient produire, par leur fusion, une des personnalités les plus séduisantes du XIXe siècle.

Notre écrivain lui-même nous a laissé une profusion de détails biographiques, pleins de naïveté, de candeur et de charme. Il existe également de lui de nombreuses biographies, et une vingtaine d'études sur son œuvre et son influence, soit en anglais, soit dans diverses langues européennes, et l'on peut ainsi se demander si le besoin se faisait sentir d'une nouvelle biographie. Mais les matériaux qui existent pour écrire la vie de Ruskin sont si volumineux, si dispersés, si mêlés de scories que l'on a pensé qu'il y avait encore place pour un simple petit volume comme celui-ci, résumant son histoire sous une forme accessible à tous et marquant sa place dans la littérature anglaise. Les directeurs de cette série (1) ne pouvaient pas non plus omettre un Homme de Lettres qui a été un des plus grands maîtres de la prose anglaise et une des influences prédominantes de l'époque de Victoria.

On m'a demandé d'entreprendre une tâche que je n'ai pas acceptée sans une réelle hésitation. Ardent admirateur des aspirations morales, sociales et artistiques de John Ruskin, je suis connu comme appartenant à une école très différente et comme le disciple d'un maître qu'il a souvent attaqué. Enthousiaste également de sa magnifique puissance d'expression, je l'ai étudiée de trop près pour ne pas en sentir tous les défauts, toutes les extravagances, et toutes les séductions. Je ne suis

---

(1) Le volume anglais appartient à la collection des « *English men of Letters* » publiés par l'éditeur Macmillon.

ni socialiste ni ploutonomiste ; je puis approuver cependant ses attaques contre notre vie moderne, tout en rejetant les remèdes excessifs qu'il propose. Grâce à des relations personnelles qui ont duré quarante ans, j'ai eu de fréquentes occasions d'apprécier son beau caractère et ses vertus vraiment dignes d'un saint. Je me souviens de l'avoir vu, en 1860, à Denmark Hill, au moment où ses parents vivaient encore, dans tout le printemps de sa gloire et l'éclat de son autorité. J'ai, de temps à autre, assisté à ses conférences, j'ai correspondu avec lui et nous avons discuté ensemble, soit en public, soit dans l'intimité. J'ai été son collègue comme professeur au Collège des Ouvriers et comme membre de la Société de Métaphysique. Et, vers la fin de sa vie, je lui ai rendu visite à Brantwood et j'ai cherché à surprendre dans une affectueuse angoisse, les suprèmes lueurs de cet indomptable esprit. Si l'admiration, l'affection, des aspirations, un but et des sympathies communes permettent à celui qui a été élevé dans d'autres croyances et d'autres espérances, de juger avec impartialité toute l'œuvre d'un brillant et noble génie, je puis alors essayer de dire tout ce que je connus et tout ce que j'ai compris du « gradué d'Oxford » de 1842, qui repose, depuis 1900, dans le cimetière de Coniston.

John Ruskin, bien que né à Londres, était un Ecossais d'Ecosse, son père et sa mère étant l'un et l'autre les petits-enfants d'un certain John Ruskin d'Edimbourg. Ses parents, ainsi que lui-même, passèrent la plus grande partie de leur enfance en Ecosse, où il avait de nombreux cousins écossais, et où il épousa plus tard une Ecossaise. Il parlait avec l'accent des Lowlands et la tendance dominante de son esprit était un mystérieux amalgame de John Knox, de Carlyle et de Walter Scott.

Bien que l'auteur des *Prœterita* nous assure qu'il ne sait à peu près rien de ses ancêtres, bien qu'il s'étende avec délices et peut-être avec une candeur quelque peu affectée, sur sa famille modeste, mais honorable, l'une des branches venant d'un tanneur de Perth, l'autre d'un aubergiste de Croydon, la curiosité de ses amis et de ses parents a cependant découvert à ce « Cavalier » socialiste une très « honorable » descendance. Sa grand'mère paternelle descendait des Adairs du South Galloway, race que l'on prétend d'origine gaélique, — Vikings, mélange d'un sang celte et scandinave, — et des Agnews, branche normande établie dans le Galloway Sud. John Adair, Laird de Little Genoch, épousa Mary Agnew, proche parente du soldat fameux, Sir Andrew Agnew de Lochnaw, shériff héréditaire du Galloway et le héros de Dettingen. Leur fils, le capitaine Thomas Adair, de

Little Genoch, épousa Jeane Ross de Balsarroch, grand'tante de Sir John Ross, l'explorateur arctique, de Sir Hew Dalrymple et du Feld-maréchal Sir Hew Dalrymple Ross. Catherine, la fille du capitaine Adair et de Jeane Ross, épousa le révérend James Tweddale de Glenluce ; et leur fille Catherine se maria avec John Ruskin d'Edimbourg, le grand-père de notre écrivain. Ce James Tweddale de Glenluce, issu d'une vieille famille de Covenantaires, était le possesseur de l'original du Covenant, qui fut confié à ses soins par le Bailli de Jerviswood lorsqu'il marcha à la mort au temps de la persécution. C'est de ce même James Tweddale de Glenluce que descend Jeanne Ruskin Agnew, maintenant Mrs. Arthur Severn, qui est la fille de George Agnew, greffier héréditaire du shériff de Wigtown.

Tout ceci paraît avoir été inconnu de notre écrivain, mais on le trouve exposé avec une foule de détails dans la *Biographie* écrite par son secrétaire sous la surveillance de sa famille. Que si tout cela n'offre qu'un faible intérêt en ce qui concerne John Ruskin lui-même, nous y trouverons du moins une mine de conjectures et d'inductions sur l'influence de la race et de l'hérédité, alors que notre point de départ se trouve être un arbre généalogique comprenant des Vikings, des chevaliers normands, des chefs gaéliques, des shériffs héréditaires du

Galloway, des soldats fameux, des amiraux, des explorateurs, des ministres du Covenant, des Puritains et des docteurs — des hommes, en un mot, qui, dans les fonctions civiles ou militaires, jouèrent un rôle dans l'histoire de leur pays. C'est une généalogie qui aurait réjoui Sir Walter Scott et qui peut expliquer la passion de Ruskin pour Scott et pour sa galerie de grands caractères. Et n'est-il pas vraiment assez curieux que, dans son *Autobiographie*, notre écrivain s'étende avec une sorte d'orgueil à rebours sur la famille de sa mère, Marguerite Cox, la fille du marin de Yarmouth et de la patronne de la « King's Head » à Croydon, sur celle de sa tante, la femme du boulanger de Croydon, et de son autre tante, la femme du tanneur de Perth. Mais nous pouvons nous rappeler aussi qu'un lecteur infatigable de Scott se serait délecté dans ce mélange de chevalerie du Moyen Age et des simplicités domestiques du comté de Perth et du Surrey.

Quoi qu'il en soit et, ainsi qu'on le rapporte, que les Ruskin aient été à l'origine des Erskines, ou des Roskeens, ou Rogerkines, ou Roughskins, il est ou du moins il paraît certain qu'en 1781, John Ruskin, le grand-père, un beau et hardi jeune homme de 20 ans, enleva Catherine Tweddale, une brave jeune fille épanouie dans toute la grâce de sa seizième année. Ils vécurent ensemble dans la

Vieille Ville d'Edimbourg où ils entretinrent des relations avec une société cultivée et furent intimes avec le Dr Thomas Brown, le métaphysicien, et d'autres personnes de distinction. Leur fils unique, John James Ruskin, naquit en 1785, il fut élevé à l'Ecole Supérieure d'Edimbourg, dirigée par le docteur Adam, et il y reçut une forte éducation classique.

Dans les premières années du siècle, John James Ruskin, alors âgé de vingt-deux ans, après avoir achevé son éducation à Edimbourg et s'être muni des bons conseils du Dr Thomas Brown qui le regardait comme un homme de beaucoup d'avenir, partit pour Londres et entra comme employé dans la fameuse maison de commerce de vins, « Sir W. Gordon, Murphy et Cie ». Il ne tarda pas à s'y faire remarquer et produisit une si forte impression sur son camarade Peter Domecq, propriétaire d'un des plus riches vignobles de Macharnudo, en Espagne, centre du commerce du sherry, qu'ils décidèrent de former une nouvelle association. « Ruskin, Telford » et Domecq, telle fut la nouvelle raison sociale, fondée en 1809, dans laquelle Domecq était le propriétaire du riche vignoble espagnol, Telford le bailleur de fonds et Ruskin le principal associé et le chef responsable. On ne pouvait souhaiter pour une maison de commerce des associés mieux faits pour s'entendre, une base financière plus solide ou un directeur plus capable.

Il en était tout autrement des affaires de John Ruskin, le grand-père, qui faisait, lui aussi, le commerce du vin à Edimbourg. « Plus magnifique dans ses dépenses que soucieux de sa famille », ainsi que son fils l'écrivait longtemps après, « sans discernement et sans bornes dans son hospitalité », le premier John Ruskin mourut en 1812, criblé de dettes, après avoir ruiné sa santé et perdu sa fortune. John James Ruskin, son fils, travailla à Londres pour payer les dettes de son père, il mit lui-même la main aux affaires de sa maison, s'occupa de la correspondance, surveilla la récolte du Xérès, parfois même son importation, et fit une fortune considérable. En neuf années d'un travail assidu, il put payer toutes les dettes de son père, s'assurer pour lui-même une jolie aisance et devint, comme son fils l'écrivit sur sa tombe, « un commerçant parfaitement honnête ». Il put dès lors se marier avec la femme qu'il courtisait depuis plusieurs années.

Margaret Cox, cousine germaine de John James, était la fille de la sœur de John Ruskin et du capitaine Cox, patron de barque pour le commerce du hareng et dont la veuve avait tenu l'auberge du *King's Head* à Croydon. La jeune fille avait été élevée à l'école de Croydon, grande et belle, robuste et résolue, ménagère modèle et chrétienne d'une véritable austérité biblique. Elle avait quatre ans de plus que John James et à l'âge de vingt ans on l'avait envoyée en Ecosse pour tenir la maison de la veuve de John Ruskin, où elle devint la conseillère et l'ami de son jeune cousin. Après neuf années de travail et d'attente, John James revint à Edimbourg, réclama sa fiancée, triompha de ses dernières craintes; en février 1818, ils se marièrent très tranquillement et presque secrètement et revinrent à Londres. C'est là, au numéro 54 de Hunter Street, Brunswick Square et le 8 février 1819 que naquit notre célèbre écrivain.

Il n'est peut-être pas inutile d'insister sur les courants héréditaires si variés qui influencèrent la nature de cet enfant remarquable et ceux qui aiment à rechercher dans le rejeton la trace des caractères ancestraux peuvent ici se donner libre carrière. John Ruskin était l'unique enfant de parents cousins au premier degré, d'esprits mûrs et non de la première jeunesse. Il vécut avec eux continuellement jusqu'à leur mort, survenue aux âges respectifs de soixante-dix-neuf et de quatre-vingt-dix ans. C'est un exemple rare d'un fils si complètement nourri, élevé, soigné à la maison paternelle, et cela jusqu'au milieu de la vie, par des parents d'une volonté indomptable et dont l'existence entière fut consacrée à cet unique objet, le développement complet d'un enfant extraordinaire, en suivant leurs propres lumières. Peu de cerveaux et peu de caractères ont été aussi profondément influencés par les circonstances, les événements et les liens de la vie de famille. Le père était un homme d'une singulière prudence, patient, pratique, avec des vues toutes conventionnelles et un goût très fin. La mère avait des facultés remarquables, une incroyable force de volonté, de la dureté et une sombre religion. Le grand-père Ruskin était un prodigue gai et insouciant, le grand-père Cox était marin et mourut d'une chûte de cheval. La grand'mère Ruskin, femme d'un esprit élevé et courageux, se fit enlever à l'âge de 16 ans ; la grand'mère Cox fut une industrieuse maîtresse d'auberge. L'arbre familial comprend de fermes covenanters, de hardis soldats, des commerçants prudents et avisés et d'orgueilleux propriétaires terriens de l'Ouest. Qui aurait pu s'imaginer que le descendant de ces hommes avisés ou imprévoyants, de caractère sérieux ou amis du plaisir, consciencieux et travailleurs, commerçants appliqués ou esprits audacieux — serait l'auteur de *Modern Painters*, de *Fors Clavigera*, et d'*Unto This Last* ? Quelle fascination pour ceux qui aiment à rechercher les origines que cet arbre généalogique déconcertant !

Notre auteur a raconté lui-même avec une curieuse simplicité l'histoire de ses premières années et les réminiscences dans *Prœterita* et *Fors* sont probablement la révélation, unique dans son genre, de l'enfance d'un homme de génie faite par un des maitres du style et un des plus subtils humoristes. La maison était soumise aux plus étroites conventions, tenue avec un ordre sévère et un soin continu — presque assombrie de règles rigides et strictement fermée au monde extérieur. L'enfant fut souvent fouetté ; aucun jouet, autour de lui rien que des choses interdites, sauf la Bible lue à haute voix chaque jour. Depuis l'enfance jusqu'à l'âge d'homme, il dut en répéter mot à mot, deux ou trois chapitres à sa mère, n'omettant ni les généalogies ni les noms étrangers, ni même les passages grossiers et à cette pratique journalière il attribuait très justement et sa puissance de travail et « la meilleure part de son goût littéraire ». Il insiste beaucoup sur ce point et peut-être ceux-là seulement qui, dès leur enfance, ont été saturés de la grande musique des Ecritures, peuvent bien comprendre quelle merveilleuse éducation du langage est susceptible de donner une telle habitude à une nature sérieuse et à une oreille douée de sensibilité.

L'Homère de Pope et Walter Scott furent « ses maîtres préférés », il les lut aussitôt qu'il put lire et il y revint à chaque occasion. Le dimanche, on lui permettait *Robinson Crusoé* et le *Pilgrim's Progress*. Un peu plus tard, son père lui lut à haute voix Shakespeare, Byron, Don Quichotte et Pope, et, comme c'était un homme cultivé et d'un goût très fin, il le faisait avec âme et produisait beaucoup d'effet. Cet enfant merveilleux apprit seul, à l'âge de 4 et 5 ans, à lire et à écrire — il lisait par sentences complètes, non par lettres et syllabes, et il écrivait, en imitant les lettres moulées, « comme les autres enfants copient des chevaux ou des chiens ». Ce n'est point là une légende de famille ; nous avons, en effet, dans l'*Autobiographie*, un fac-similé daté d'une des compositions de l'enfant, alors âgé de sept ans, accompagné du croquis d'un sentier de montagne. Le passage est une longue description de nuages qu'un certain jeune Harry, à l'aide « de son appareil électrique », démontre chargés d'électricité positive et où il fait à cette occasion un rapprochement avec l'apparition de la sorcière des Alpes au milieu de l'arc-en-ciel dans *Manfred*. Il est rare d'avoir un tel exemple de précocité et de trouver chez un enfant une orthographe aussi correcte, une écriture aussi habile, l'expression littéraire jointes à l'intérêt scientifique et à l'exacte observation de la nature. Nous ne nous étonnerons plus en apprenant que les parents de cet *enfant du miracle* se crurent bénis du ciel et gratifiés d'un autre Samuel.

Les *Prœterita* nous offrent un morceau de réelle psychologie lorsqu'elles décrivent minutieusement comment l'enfant contemplait le dessin d'un tapis, comptait les briques d'un mur, suivait les remous de la Tay « bruns-clairs sur les cailloux » ou regardait pendant des heures le jeu des vagues ou « les filets d'eau dansant sur le sable et les ébats des goujons aux cascades de Wandel ». Bien que né à Londres, l'enfant, dès l'âge de quatre ans, suivit sa famille à Herne-Hill, « une colline rustique », à quelques milles au sud de la ville. De là on avait vue sur les Norwood Hills, sur Harrow et Windsor. Dès ses premières années, son père l'emmena dans ses courses d'affaires annuelles au nord de l'Angleterre et même jusqu'aux lacs et en Ecosse où il faisait quelque séjour à Perth auprès de sa tante et de ses cousins. Dans ses tournées pour visiter les clients et placer son sherry, Ruskin le père, qui avait un goût assez cultivé, conduisait son monde visiter les cathédrales, les châteaux, les abbayes en ruines, les collèges, les parcs, les maisons de campagne, les galeries de peinture ; c'est là que le jeune garçon, plein de la lecture de Walter Scott, passionné pour les paysages, nourrissait ses chevaleresques fantaisies et s'enivrait de beauté à chaque pas. Dans les bras de sa bonne écossaise, l'enfant bégayait déjà les *Modern Painters*.

A l'âge de quatre ans, son portrait fut fait par

Northcote de l'académie royale. La peinture qui représente un enfant joufflu en robe blanche avec une écharpe bleue se trouve maintenant dans la salle à manger de Brantwood. La rude discipline de sa mère lui a enseigné à se tenir tranquille et lorsque le peintre lui demanda ce qu'il préférait pour fond de tableau, il répondit : « des montagnes bleues ! » — les mêmes probablement qu'il avait vues à Perth et que chantait la vieille Anne :

« *Les filles aux pieds nus et les montagnes si bleues.* »

Quelque temps avant il avait même prêché un petit sermon : « Soyez bons ; si vous êtes bons, Dieu vous aimera ; si vous n'êtes pas bons, Dieu ne pourra vous aimer ; soyez bons ». Sa première lettre porte un timbre qui indique qu'elle fut écrite à l'âge de quatre ans. Elle est naturelle et correctement écrite. Il se plaint de ce que son oncle et sa tante ont renversé l'échafaudage de son nouveau jeu d'architecture. Au lieu d'un livre, « apportez-moi, dit-il, un fouet coloré en rouge et noir; demain c'est samedi, je serai heureux de vous voir ici », etc... Dans tous ces souvenirs, dans toutes ces reliques nous trouvons les signes de cet amour inlassable de la nature et de l'art, des montagnes et des rivières — l'apôtre né, l'évangéliste chaleureux, le critique positif avec son rationalisme, le littérateur sarcastique avec ses inventions brillantes — Calvinisme, ferme vouloir, sentiments affectueux. En vérité, l'enfant est bien le père de l'homme !

A l'âge de sept ans il commença à composer des pièces originales illustrées de ses propres dessins. « Henry et Lucie » terminés — dernière partie des « Premières Leçons » en quatre volumes — avec planches sur cuivre imprimées et composées par un petit garçon, » — tel est le titre ambitieux, caractéristique et parfaitement authentique de la première page d'un livre dont les trois quarts seuls furent terminés. Dès cet âge de sept ans, il commença à écrire des poèmes, habitude qu'il conserva jusqu'à l'époque où il quitta Oxford. A neuf ans, il composa « *Eudosia*, poème sur l'Univers. » C'est à ce moment qu'il commença à mener, nous dit-il, une sorte d'existence étroite, artificielle, comme celle de Robinson Crusoé, dans le petit coin qui lui semblait être le centre de l'univers. Tel était, pour un enfant de génie, le résultat naturel de cette éducation, de ces stimulants, de cette admiration et de cet isolement du reste du monde.

Dans un curieux et touchant passage où il s'examine intimement, l'auteur lui-même analyse le bon et le mauvais côté du système d'après lequel il fut élevé — « l'intronisation de l'esprit maternel » dans le sien. A l'âge de sept ans, dit-il, il avait reçu une irrévocable impression grâce à la parfaite compréhension de trois bienfaits sans prix : « la Paix, l'Obéissance, la Foi ». A ces leçons d'ordre moral, il ajoute l'habitude de tenir ses yeux et son esprit toujours fixés sur un objet donné et une extrême délicatesse des sens due à une stricte discipline. Mais ces choses excellentes étaient mélangées à de grandes « calamités ». D'abord, il n'avait rien à aimer ; ses parents, « il ne les aimait guère plus que le soleil ou la lune ; ils étaient eux aussi pour lui des puissances visibles de la nature ». Il n'aimait pas Dieu davantage ; il n'avait aucun compagnon à assister ou de qui il fût l'obligé. D'un autre côté, il n'avait rien à supporter : aucun danger, aucune peine à redouter ; « sa force n'était jamais exercée, sa patience jamais mise à l'épreuve, son courage jamais stimulé ». On ne lui donnait aucune éducation ; il devenait prodigieusement timide ; il n'avait aucune adresse, point d'aisance ni de tact dans la conduite. Enfin, dernière et suprême calamité, sa faculté de juger restait inculte. « On ne lui enlevait jamais ni la bride ni les œillères. » — C'est là un récit véridique, quoique un peu exagéré, et fort mélancolique, de l'éducation d'un enfant, d'une merveilleuse sensibilité, d'une précocité presque sans exemple, enmaillotté et isolé de tout contact extérieur et amené ainsi, par l'affection et l'autorité paternelles, à se considérer comme un petit être d'un génie sublime, destiné à enseigner, réformer et conduire le monde. Somme toute, cette éducation et cet isolement devaient enfanter l'audacieux critique et l'apôtre passionné de la pure Nature et du plus grand bien de l'homme. Sa mère, nous dit-il, comme Hannah, « l'avait voué à Dieu avant sa naissance ».

Aucun genre de vie ne pouvait plus heureusement produire un esprit adonné à la contemplation des objets naturels, à la culture des idées originales et à l'étude pratique de la littérature. L'enfant passait tous ses étés à la campagne, libre de courir dans le jardin ; à quatre ans, on le conduisit en Ecosse et naturellement par la grande route. Là il jouait dans un jardin qui descendait jusqu'à la Tay ; ou encore dans le Surrey, sur les rives du Wandel. Dans ses jeunes années, nous dit-il, il eut l'occasion de connaître toutes les grandes routes et bien des sentiers d'Angleterre, du pays de Galles, d'aller même jusqu'à Perth, de visiter presque tous les châteaux d'Angleterre. Toute sa puissance d'imagination s'attacha aux objets inanimés ou plana dans le monde des romans. Il ne pouvait se souvenir d'un temps où les œuvres de W. Scott ne lui fussent pas familières. Il n'avait guère d'autres livres que la Bible, l'*Homère* de Pope et les grands poètes. Une grande partie de son temps était consacrée à observer les plantes ou à étudier les différentes espèces de minéraux et de rochers. « Auprès des noirs tourbillons sans écume où la Tay se replie sur elle-même comme la Méduse, je ne passais jamais sans effroi. » Il apprit à copier des dessins mais il ne put jamais dessiner de mémoire et sans modèle ; et il répète volontiers qu'il fut toujours incapable de composer.

Dès l'âge de sept ans, il s'adonna à des productions originales. Il tint un journal de ses excursions et, le plus souvent, nota en vers ses impressions. Des milliers de ces vers ont été conservés, une partie est reproduite dans ses *Poèmes*. A dix ans (mai 1829) il présenta à son père un travail original, *La Bataille de Waterloo*, pièce en deux actes, avec quelques autres petits poèmes. Wellington et Bonaparte font des discours et le chœur décrit la procession triomphale. Comparant les Pyramides au Skiddaw, il dit :

« La main de l'homme
A dressé des montagnes de pigmées, et des tombes de géants.
La main de la Nature a dressé le sommet de la montagne
Mais n'a pas fait de tombes. »

Un enfant de dix ans, capable de penser et d'écrire ainsi, était bien en état de profiter de ses voyages continuels. D'après ses mémoires et ce que l'on sait de sa famille, il semble que la vie se passait en perpétuels déplacements non seulement en Angleterre mais aussi sur le continent. A cinq ans, on le conduisit à Keswick ; à six ans, à Paris, puis à Bruxelles et à Waterloo ; à sept ans il revit le Perthshire ; à quatorze ans, il voyagea en Flandre, sur les bords du Rhin, traversa la Forêt Noire et la Suisse. C'est alors que se réveilla sa passion pour les Alpes qui dura toute sa vie. Dans un épisode délicieux des *Prœterita*, il a décrit sa première impression à la vue des Alpes à Schaffouse. Sa jeunesse, en réalité, fut un voyage continuel à la recherche des scènes de beauté et des lieux romantiques. Son amour de la Nature se développa plus tôt que son amour de l'Art et, pendant toute sa vie, ce fut pour lui la source de ses joies les plus profondes et l'objet de ses plus chères études. L'intérêt que lui inspira le grand art italien ne vint que plus tard, de façon indirecte ; jusqu'à la fin il parla de sa connaissance de l'Art italien, peinture, sculpture ou architecture, avec moins d'orgueil et d'assurance que celles qui caractérisaient l'expression de son sentiment des beautés et des mystères de la nature.

Un jeune garçon si précoce et doué d'une telle sensibilité, saturé de l'amour de la nature, nourri des chefs-d'œuvre de la poésie et de la prose, n'avait aucun besoin d'une direction pédagogique et, quelle qu'elle fut, elle ne pouvait être qu'un obstacle et non un secours. A onze ans, un peu de latin, très peu de grec lui furent enseignés par le Dr Andrews, savant original mais parfois fantaisiste, qui ne donna jamais à cet élève indocile les « principes solides » qu'il aurait pu recevoir dans une école régulière. M. Runciman fut son professeur de dessin et lui enseigna, tout au moins, la perspective. A douze ans, il apprit les éléments du français et de la géométrie usuelle avec M. Rowbotham, triste et lourd pédagogue qui obséda son génie naturel. On l'envoya vers quinze ans comme externe à l'école du révérend Thomas Dale à Peckham ; il y travailla sans beaucoup de suite pendant deux ans au bout desquels il fut déclaré « élève médiocre ». Il suivit en même temps trois fois par semaine au King's College, à Londres, des cours de logique, de littérature anglaise et des le- de traduction. A dix-sept ans, il fut inscrit à Oxford et, comme il était douteux qu'il pût passer l'examen d'entrée, il fut immatriculé à Christ-Church, comme « *gentleman commoner* ».

Il est certain que lorsque John entra à Oxford, ses études avaient jusque-là été faites à bâtons rompus et que son bagage d'écolier était assez restreint. Il nous dit lui-même qu'il ne sut jamais écrire en latin et qu'il n'eut que des notions incomplètes sur la versification. Il possédait bien les éléments d'Euclide et quelque peu d'algèbre. Il connaissait imparfaitement les anciens classiques, et n'avait qu'une teinture du français. D'un autre côté, il avait appris seul, en les cueillant çà et là, certaines notions de physique élémentaire, enfin il s'était livré avec passion et à sa manière à l'étude de la géologie, de la minéralogie et de la botanique. Il avait fréquenté les musées et réuni lui-même des collections avec beaucoup de soin. A dix-huit ans, il avait vu de l'Angleterre et du Continent plus qu'aucun touriste de profession, observé et réfléchi sur ce qu'il avait vu plus peut-être qu'aucun homme vivant. Il avait certainement écrit plus de prose et de vers que nul homme de son âge et il ne cessait de se livrer à l'art de la composition qu'il avait pratiqué dès son enfance avec un zèle et une patience inlassables.

Doué d'une sorte d'activité nerveuse et d'un tempérament ardent, le jeune John était délicat et ses parents se comportaient absolument comme si son existence ne pouvait être conservée que par des soins incessants. Le récit de sa vie de famille est perpétuellement interrompu par la maladie. Il eut, à huit ans, une sérieuse attaque de fièvre en Ecosse ; à seize ans, une pleurésie mit ses jours en danger et il dut abandonner l'école de M. Dale. A vingt et un ans, il eut des crachements de sang et quitta Oxford pendant un an et demi. Cependant ce n'était point un invalide habituel ; bien portant, c'était un marcheur intrépide, plein d'activité et d'entrain ; toujours ardent au travail, ses yeux ou sa plume ne se lassant ni jour ni nuit. Il n'apprit cependant aucun jeu, n'essaya jamais de danser et, après des efforts répétés dans un manège, ne put parvenir à monter à cheval.

Nous ne devons pas prendre à la lettre tout ce qui est rapporté dans les *Prœterita*, mais il n'est pas douteux que Ruskin fut élevé d'une façon anormale au sein d'une famille pratiquant, comme si c'eût été une loi divine et humaine, une sorte *d'égoïsme à trois*. Il parle lui-même de « notre régulière, douce et égoïste façon de vivre » ; plus loin il ajoute : « elle était trop formaliste et trop luxueuse ». Il dit qu'il était « un petit singe très suffisant et désagréable et que cette extrême suffisance lui cachait ses ridicules ». Dans ses confessions qui, par leur charme littéraire et leur pure simplicité, peuvent être comparées avec celles de Rousseau — et elles sont presque aussi franches et aussi hardies — nous pouvons voir avec quelle sévérité le vieillard jugeait les erreurs de sa jeunesse et même analysait les faiblesses et les erreurs de ses parents. Mais nous ne devons pas oublier les nombreux témoignages qu'il donne de l'affectueuse indulgence de son père, du rude dévouement de sa mère, de la tendre affection dont il entourait lui-même ceux qui l'aimaient. N'oublions pas non plus qu'un peu de prétention était inévitable chez un enfant doué d'une si merveilleuse précocité, possédant des dons si rares de sensibilité et d'intelligence, maladivement emprisonné dans un cercle étroit où il était considéré presque comme un être supérieur, ayant reçu un mandat d'En Haut. C'est ainsi qu'une éducation donnée sans suite, interrompue par d'incessants voyages avec d'interminables descriptions de tout ce qu'il voyait, devait nécessairement produire une sorte d'évangéliste de la Nature et de l'Art en même temps qu'un maître consommé de la langue, tandis qu'elle rendait impossible la formation soit d'un penseur conséquent avec lui-même, soit d'un réformateur rationnel du monde moderne.

CHAPITRE II

PREMIERS ESSAIS LITTÉRAIRES

Le moment est venu de parler de certains ouvrages du jeune Ruskin antérieurs à l'apparition en 1843 (il avait alors vingt-quatre ans) du premier volume des *Modern Painters*. En prose ou en vers, on peut presque dire qu'il écrivait depuis qu'il avait quitté la *nursery*. Ses premières poésies surpassent par le mérite comme par le nombre ses premières œuvres en prose et, comme il cessa d'écrire des vers après Oxford, il convient donc de parler d'abord de sa poésie. Poète, il ne le fut jamais dans le sens véritable et élevé d'un Shelley, d'un Tennyson, d'un Arnold. Dans les deux volumes qui contiennent ses morceaux choisis et où nous pouvons compter quelque quatorze milliers de vers, il serait difficile de trouver un seul poème, peut-être même une seule stance, qui dépassât le talent d'un poète de second ordre. La plupart de ces poèmes — cela est digne de remarque — sont des descriptions de paysages ou de lieux que Byron lui-même aurait eu de la peine à rendre intéressants et, chose curieuse, les premiers sont les plus spontanés et les meilleurs, les tout premiers étant absolument étonnants par leur facilité précoce. De plus, ils n'offrent aucune des qualités du tour particulier de l'esprit de Ruskin et de sa puissance littéraire. Le rythme en est correct, facile, très soigné, la forme est celle des meilleurs modèles, la phrase est pure, gracieuse et pittoresque, mais chaque poème ne laisse en somme qu'une impression vague et indéterminée. La pensée se voile sous un nuage de langage raffiné ; la poésie s'exhale en exubérante couleur locale ; et, pourtant, comme étude d'une évolution littéraire, ces deux volumes de poésie ne sauraient être négligés.

Nous possédons des fragments authentiques des vers de l'enfant dès l'âge de sept ans. A cet âge même où peu d'enfants savent lire et écrire, on a de lui des morceaux dont le rythme et les phrases sont de correction parfaite et les rimes toujours justes. Il dit par exemple d'une machine à vapeur employée dans une mine :

L'eau s'élance furieuse de la mine —
Enlevant au minerai sa souillure de rouille.

A sept ans, il morigène les ignorants, qui ne peuvent énumérer les couleurs de l'arc-en-ciel :

> Mais ceux qui ne savent rien de cette lumière
> Ne peuvent s'en rendre compte, et dans toute cette splendeur,
> Ne sauraient nommer une seule couleur.

Déjà le petit John pouvait balbutier ces couleurs dans leur ordre exact !

Le voilà maintenant qui apostrophe un vallon d'Ecosse — on dirait d'un Wordsworth moralisant sur les analogies entre un paysage de montagne et la vie humaine. —

> « Vallon de Glenfarg, ton joli ruisseau
> Coule à travers tes hautes montagnes,
> Il va tantôt pressé, tantôt d'une allure plus lente,
> Rarement il reflète le ciel bleu.
>
> Ruisseaux des montagnes, pressez votre cours,
> Pour vous mêler à la rivière qui coule là-bas ;
> Ne vous arrêtez pas comme l'argile paresseuse,
> Entendez dans le vallon mugir les troupeaux »,

Un enfant qui écrivait ainsi à l'âge de sept ans semblait destiné à une mort prématurée ou à l'immortalité.

Il écrivait encore à l'âge de huit ans, à propos du Glenfarg :

« Ces petites sources qui suintent des rochers,
Qui s'échappent des fissures, comme le renard de son terrier ;
Ce ruisseau argenté qui va en babillant
Avec une douce musique de danse. »

A neuf ans, cet enfant miraculeux s'adressait ainsi au Skidaw : —

« Skidaw, sur ton sommet le soleil brille,
Mais ce n'est que pour un instant ; à sa place,
Tout à coup, un gai nuage, autour de ton front
Vient folâtrer, — il flotte ensuite dans l'air,
Et son ombre se déploie sur ton faîte orgueilleux ;
Il obscurcit pour un moment tes vertes pentes,
Ajoutant ainsi à leur beauté, et rendant
Le soleil plus brillant lorsqu'il réapparaît.
Ainsi, le matin, sur ton front, ces nuages
Se posent comme sur une couche, et donnent un nouvel aliment
A la fantaisie. C'est une forteresse qui s'élève vers le ciel
Avec ses tours, ses créneaux, pour faire place —
A une autre, qui est à son tour —
Remplacée par d'autres.

. . . .

                    Sauf lorsque la neige,
Floconneuse chevelure de l'hiver, vient tout recouvrir,
Blanche tombe pour le berger imprudent
Qui s'est égaré loin de sa demeure, et trouve la mort]
Sous les frimas ».

Nous pourrions découvrir dans l'*Excursion* des passages plus faibles que celui-ci et il serait difficile d'en trouver un où soit si minutieusement et si exactement reproduit, comme par l'œil d'un peintre, le jeu des nuages sur les montagnes.

Il n'y a rien dans les deux volumes de poésies de supérieur à ce morceau sur le Skidaw composé à l'âge de neuf ans ; mais le plus étonnant est que vers dix ou douze ans (*The Fairies, the Eternal Hills,* 1831) le petit John écrivait des poèmes tout à fait dans la bonne moyenne des concours d'Université, avec la fastidieuse facilité, les procédés d'imitation, les rythmes corrects et mesurés qui caractérisent ce genre de composition. Il pouvait pasticher Pope, Scott, Byron, Wordsworth — et même Shelley — aussi bien qu'un bon *oléographe* peut copier un Turner. Pas une faute de mesure, pas une faute de goût, aucune extravagance, aucune cacophonie dans ces exercices d'enfant ; il ne fit jamais mieux, même à soixante ans, et tous ces vers ne donnent aucune idée de sa supériorité et de ses facultés si ce n'est par l'observation aiguë et le sentiment délicat de la nature ; rien n'y fait pressentir l'exubérance, la passion, l'éloquence, qui animent dès le début ses œuvres en prose. Comment ce grand mais orageux maître de la prose put-il, douze années durant, rédiger des volumes de vers melliflus et pleins de lieux communs, c'est là une des curiosités de la littérature.

Plus d'un poème couronné compte des versets plus mauvais que ceux-ci sur l'Etna :

« Alors l'Etna de son bouillant cratère lance
Sur les rivages de Sicile des torrents de feu,
Tandis que du volcan s'élèvent des vapeurs gazeuses.
Le ciel est sillonné d'éclairs fulgurants ;
La terre s'entr'ouvre encore,
Les murs de Catane s'écroulent
Et ses habitants périssent sous les décombres. »

Cela est daté du 25 octobre 1829. Il avait alors dix ans. A douze ans il écrivit *L'Iteriad,* un long poème en trois livres, journal en vers d'un voyage à la région des Lacs. Six ou sept cents vers ont été imprimés, en voici un spécimen :

« Là s'élèvent orgueilleusement les pics du Sca-Fell :
Tandis que son front domine orgueilleusement les nuées,
Tandis que, à ses flancs, s'ouvrent les ravines et les abîmes profonds,
La montagne, comme un mur énorme, paraît supporter les cieux.

Il avait alors commencé à lire Byron et il était séduit par les *Hours of Idleness.*

A quatorze ans (mai 1833) il écrivit en vers la relation d'une tournée sur le continent de Calais à Gênes. On a publié vingt-huit morceaux qui sont imités de *La Dame du Lac* de Scott ; quelques-uns parurent dans le *Friendship's Offering* ; ils étaient aussi bons que les autres poèmes publiés dans ce recueil. A Saint-Goar, sur le Rhin, il écrivait :

« Ne vous étonnez pas en voyant ce Rhin enchanté,
Pareil à un géant chancelant sous l'ivresse
Oublier en ces lieux sa colère ;
Il semble dormir
Entre ses rives couvertes de vignobles qui baignent
Leurs tresses blondes dans ses flots apaisés. »

Il y a des passages plus faibles dans le *Lay of the Last Minstrel*.

Un autre journal en vers datant de sa seizième année décrit un voyage en France jusqu'à Chamonix (1835) ; là, nous assure-t-il, il a cherché à imiter le style du *Don Juan* habilement combiné avec celui de *Childe Harold* et il semble avoir plutôt réussi à se rapprocher du second.

Il eut sa première aventure d'amour à seize ans et elle lui inspira un certain nombre de pièces, sans que cette circonstance n'ajoutât à ses vers aucune vigueur ni aucun mérite nouveau. Ceux qu'il adresse « A Adèle » s'élèvent rarement au-dessus des vers d'amateurs. Les trois longs poèmes qu'il écrivit pour le prix de Newdigate à Oxford, en 1837, 1838, 1839, de dix-huit à vingt ans, ne sont que de bons exercices académiques tout à fait au niveau des meilleures pièces des concours universitaires. Dans son premier essai, il fut battu par le Doyen Stanley ; mais en 1839, il remporta le prix avec « Salsette et Elephanta ». Cette pièce qui peut être rangée parmi les meilleures de ce concours, est une imitation presque servile des anciens vers de ce genre :

« Voici le soir, et sur la face du jour qui décline,
Comme des sourires rapides, les dernières lueurs d'un soleil d'été
[jouent et s'envolent ;
En vibrations lumineuses, moins vues que senties,
Elles se fondent dans le ciel et disparaissent derrière les monta-
[gnes. »

Et il continue longtemps sur le même ton qui s'accorde parfaitement avec le programme d'un concours de poésie que Goldwin Smith donnait, dit-on, à un ami sur ce sujet : « Les Stuarts — Les Stuarts ne seront jamais restaurés. — Les juifs le seront — Salem ! » Les autres pièces écrites pendant la période d'Oxford, quelques-unes même publiées en leur temps, sont tout simplement dans la bonne moyenne de ces sortes de poésies ; composées à un âge où beaucoup d'hommes cultivés en ont produit d'aussi bonnes, elles ne présentent dès lors aucun intérêt. Elles sont gracieuses, correctes, mélodieuses, mais elles ne nous émeuvent pas, elles ont peu d'originalité et ne produisent sur nous qu'une faible impression. Ce ne sont même plus les effusions enfantines d'une précoce maturité.

Si nous passons maintenant à l'examen des premiers ouvrages en prose, nous constaterons que John Ruskin écrivait clairement et orthographiait correctement en 1823 à l'âge de quatre ans. Dès sept ans, il tint régulièrement son journal et y inséra des descriptions exactes des lieux qu'il visitait. Dans « *Harry and Lucy* » il écrit : « Harry courut avec l'appareil électrique que son père lui avait donné et le nuage électrisa l'appareil positivement ; après cela un autre nuage survint qui l'électrisa négativement ; puis se produisit une longue série de petites étincelles. » Tout cela est bien orthographié et écrit en lettres moulées ; dans le même livre, il nous donne une multitude d'observations des phénomènes naturels. A treize ans, il écrivit des lettres très correctes, d'un style coulant et facile.

Il fut imprimé pour la première fois, à l'âge de quinze ans, dans le *Magazine of Natural History* de l'éditeur Loudon (1834). Ce recueil contient un essai sur les couches géologiques du Mont-Blanc, une note sur la perforation par des rats d'une conduite en plomb, des recherches sur les causes de la couleur des eaux du Rhin. En 1835, la revue annuelle du « *Friendship's Offering* » publiée par

Smith, Elder et Cie, imprima trois de ses poèmes consacrés à des paysages d'Allemagne ; Le *Magazine de Loudon*, publia en 1836, des essais sur « le durcissement des grès », des observations sur « la température des sources et des rivières ». Lorsque le *Blackwood's Magazine*, en 1836, attaqua les peintures de Turner, le jeune critique d'art riposta et défendit le peintre. L'essai ne fut pas remis directement au journal mais fut soumis à Turner lui-même qui exprima son mépris des critiques et le fit parvenir non au *Magazine* mais à la personne qui avait acheté son tableau dont le sujet était *Juliette à Venise*.

Ce morceau a été conservé en manuscrit et il est si complètement Ruskinien dans son enthousiasme, dans son amour de la nature comme dans ses redondances ; il donne si bien un avant-goût des *Modern Painters*, dès l'âge de dix-sept ans, que nous croyons devoir en citer ici un fragment :

L'imagination de Turner est toute shakespearienne dans sa puissance...

Des brouillards colorés flottent au-dessus de la cité lointaine ; mais tels que vous les pourriez prendre pour des esprits éthérés, âmes des grands morts sorties des tombes d'Italie, errantes sur le bleu de son ciel, au milieu d'une gloire épandue dans l'infini, planant autour de cette terre qu'ils ont aimée. Du centre de cette douce lumière incertaine, ils vont et se mêlent aux pâles étoiles et montent dans la splendeur d'un ciel sans limites qui mire ses yeux bleus et tristes dans les eaux profondes de la mer — de cette mer dont la tranquille et silencieuse transparence brille d'une lueur phosphorescente émanant de sa sérénité de saphir comme des songes légers émanent d'une âme endormie. Et les clochers de la glorieuse cité surgissent presque indistincts du milieu de ces nuées vivantes, pareils à des pyramides d'un feu pâle qui montent d'un vaste autel et, dans cette gloire de rêve, il semble que la voix de la multitude vous pénètre par les yeux, s'élevant du milieu de la ville immobile comme le vent d'été qui passe sur les feuilles de la forêt y réveille un doux murmure à peine entendu.

Vraiment, il y a là *trop de choses,* trop d'images, de nuées, de gloires et de sérénités culbutant les unes sur les autres; cela ressemble trop à une parodie vulgaire de ces *purpurei panni* des *Sept-Lampes,* que l'auteur regrettait plus tard si amèrement. Pourtant on peut se rendre compte comment, sept ans après, tout cela devait devenir le germe des *Modern Painters.* En 1837, âgé de 18 ans, il donna une série d'études à l'*Architectural Magazine* de Londres; elles étaient intitulées « La poésie de l'architecture »; — « L'Architecture chez les différentes nations de l'Europe considérée sous le rapport des paysages, de la nature et du caractère national. » Il écrivait plus tard : « Je n'aurais pu indiquer en moins de mots ou en termes plus compréhensifs ce qui devait être le programme de la moitié de ma vie future, tandis que le pseudonyme que j'adoptai « *Kata Phusin* » indiquait clairement le tour d'esprit dans lequel je devais plus tard traiter ce sujet comme tous les autres ». Les essais étaient en effet signés « Kata Phusin », et il ajoute que « ces essais de jeunesse, bien que gâtés par leur ton prétentieux et leur objet superficiel, sont tout à fait en rapport avec le but poursuivi ». Ils renfermaient bon nombre d'allusions classiques et on les attribua à un « agrégé » d'Oxford.

L'année suivante (1838) le vit engagé dans une controverse sur « La convergence des perpendiculaires » en peinture; il écrivit là-dessus cinq essais en réponse à M. Parsey. Celui-ci avait essayé de renverser à l'aide de l'optique tout le système conventionnel de perspective. « Kata Phusin » répliqua que, dans la pratique, le champ de la vision, en peinture, était si limité que les erreurs géométriques pouvaient être négligées. Les connaissances en optique du jeune Ruskin n'étaient pas suffisantes pour lui faire saisir toute la vérité, mais il avait raison en défendant la pratique courante comme mieux appropriée à ce que permet de voir l'œil humain dans une position donnée.

Vers le même temps, Ruskin adressa à une jeune dame un long travail sur « Les Avantages comparés de l'étude de la musique et de la peinture ». Il place en première ligne la peinture comme moyen d'éducation, mais il reconnaît que la musique excite plus puissamment l'émotion ; il ajoute cette remarque curieuse que ce pouvoir émotif est en proportion inverse de l'art déployé.

Une preuve bien remarquable de l'effet produit sur l'opinion publique par le jeune critique et cela, dès ses premiers essais, devint évidente lorsque le comité d'Edimbourg s'occupa du monument de W. Scott. Un écrivain de l'*Architectural Magazine* voulut connaître l'opinion de « Katà Phusin », en raison de son autorité. Mis ainsi en demeure, « Kata Phusin » répliqua dans le *Magazine* de janvier 1839 par un article intitulé : Convient-il que les ouvrages d'art soient mis en harmonie avec la sublimité de la nature et quel est l'emplacement le mieux approprié pour l'érection à Edimbourg d'un monument à W. Scott ? » Après beaucoup d'études, il se prononce pour une colossale statue placée sur les Salisbury Crags. Le comité n'adopta pas ces vues et peut-être bien que « Auld Reakie » en fut plutôt satisfaite.

Pendant cette controverse, Loudon, l'éditeur,

écrivit lui-même au père de Ruskin cette lettre fort remarquable et prophétique, portant la date du 30 novembre 1838 : « Votre fils est certainement le génie naturel le plus extraordinaire que j'aie eu la bonne fortune de rencontrer et je ne puis que m'enorgueillir à la pensée que, plus tard, lorsque vous et moi aurons disparu, on constatera dans l'histoire littéraire de votre fils que son premier article fut publié dans le *Magazine of Natural History* de l'éditeur Loudon. »

Ce génie précoce de dix-neuf ans pouvait-il trouver un éditeur plus généreux et plus perspicace !

CHAPITRE III

L'AMOUR — OXFORD — TURNER

Il était naturel que ce jeune poète romantique de dix-sept ans devint amoureux. En 1836, M. Domecq conduisit ses quatre filles en Angleterre pour faire un séjour chez les Ruskin à Herne Hill. Les jeunes filles qui fréquentaient la meilleure société de Paris, entrèrent toutes plus tard dans des familles titrées. John tomba éperdument amoureux d'Adèle, l'aînée, âgée alors de quinze ans, gaie, élégante et jolie. Il nous a lui-même conté toute l'histoire avec infiniment de grâce et de sentiment. Ces belles jeunes filles furent comme une apparition féerique aux yeux de notre jeune homme fruste et comme élevé dans un couvent ; en peu de jours il ne fut plus qu'un tas de cendres blanches. « Mais ce *mercredi des cendres* dura quatre ans » et assombrit toute sa jeunesse.

Clotilde, dit-il, comme ses sœurs l'appelaient,

fut toujours pour lui Adèle, parce que ce nom rime avec *shell, spell, Knell* (cercueil, charme, glas.)

« *La beauté de ses sœurs ne faisait que ressortir mieux encore sa splendeur, tandis que ma propre timidité, ma sauvagerie étaient comme raidies et enlizées dans mon infatuation d'anglais et de protestant que n'adoucissaient ni la politesse ni la sympathie. En sorte que, dans nos réunions, je restais assis seul et lamentablement jaloux, semblable à un poisson figé, (j'imagine que je devais ressembler à une raie s'essayant à briser la glace de son aquarium), tandis que, dans nos bienheureux tête-à-tête avec la dame de mes pensées, — espagnole de naissance, parisienne d'éducation, catholique de cœur, — je cherchais à lui communiquer mes idées sur l'invincible Armada, la bataille de Waterloo et la doctrine de la transsubstantiation.* »

C'est ainsi que cinquante ans après, la jeune fille mariée et morte même depuis longtemps, le vieillard parle de ce premier amour qui, assurément, fut très profond et qui eut un réel retentissement sur sa carrière et sa santé. Les deux pères songeaient à un mariage que Mme Ruskin, sévère calviniste, considérait comme un scandale et une impossibilité. Le jeune homme tout naturellement chercha une consolation dans la poésie. Il fit d'abord « Leoni », roman italien », histoire napolitaine où le bandit de ce nom est représenté comme un être sanguinaire et aventureux tandis que Giuletta a toutes les perfections d'Adèle. Ce roman fut même imprimé dans le *Friendship's Offering* et il apparaît comme une assez curieuse et assez habile imitation de Byron.

« Je ne demande point une larme, mais tandis que
Je suis encore là où je ne devrais pas être.
Oh ! Accorde-moi un sourire d'adieu
Pour illuminer ma route solitaire ».

Adèle non seulement accorda le sourire « mais elle alla jusqu'au rire et à la moquerie, affront que je supportai courageusement, heureux de l'avoir amusée ». C'est en somme la vieille histoire du benêt de dix-sept ans courtisant un jeune tendron de quinze et un poète plus grand que Ruskin l'a également connue. Vinrent ensuite des poèmes d'amour, d'une bonne moyenne pour un tout jeune homme, remarquables seulement par leur grâce et leur correction précoces, offrant çà et là quelques passages réellement inspirés. Adèle est partie, on parle d'elle devant lui : —

« Voici que ton nom charmant vient déchirer
Le voile nuageux de l'oubli
Qui obscurcit le ciel de mon cœur ».

Il s'essaya alors à un conte romanesque, « *Velasquez, le Novice* » et à un drame, *Marcolini*, mélange de Shakespeare et de Byron, la scène se passe à Venise, l'héroïne est un amalgame de Desdémone et de Juliette et le jeune Marcolini, « un de ces hommes que les anges aimeraient à contempler » !

> « Ebloui par son amour même
> Il voit dans le monde des choses étranges.
> Il croit à la bonté des misanthropes,
> A la pitié des *bravi*, à la justice des sénateurs,
> Et a beaucoup d'autres choses incompatibles. »

Mais sa jeune Hélène, à lui, ne sut pas reconnaître les mêmes qualités chez notre Marcolini de Herne Hill. Elle se permit même de « rire immodérément » à l'occasion d'une lettre de sept pages in-quarto qu'il lui écrivit à Paris pour lui dépeindre la solitude de Herne Hill depuis son départ. Deux ans plus tard, (elle avait dix-sept ans, John dix-neuf) il la revit en Angleterre ; malheureusement, elle se moqua encore de lui. M. Domecq mourut et Adèle se fiança à un beau jeune homme, riche et noble, le baron Duquesne. John écrivit un « Adieu », poème gracieux, quoique un peu long, dans la manière de Shelley ; il y chantait :

> « La peine que mes vers étaient impuissants à exprimer
> Et ta parole incapable de consoler ».

C'est une pièce rendue touchante par les circonstances, c'est presque un beau poème par sa grâce parfaite et sa tendresse, sans trace d'aucun reproche, d'aucune amertume, et même d'aucune désillusion. Dans un songe, il croit voir les fleurs de la nuit s'épanouir sous son sourire :

« Ce sourire qui tombait sur les rochers glacés, sur les vagues Libres et insensibles — Hélas, pourquoi ne tombe-t-il pas sur moi ? »

Adèle épousa le baron Duquesne, en mars 1840. On essaya de cacher la nouvelle à l'amoureux qui préparait alors un examen à Oxford. Il déclare (cinquante ans plus tard) qu'il n'en fut point écrasé comme il s'y serait attendu, mais sa santé parut démentir cette assertion, car elle présenta bientôt des symptômes de consomption. « A Paris, les choses s'acheminaient doucement vers l'abîme » (L'abîme c'était le mariage d'Adèle Domecq), lorsqu'une nuit, une toux de courte durée amena un crachement de sang. Les médecins immédiatement consultés ordonnèrent un voyage à l'étranger ; le Doyen ajourna l'examen, le commerçant laissa ses affaires et toute la famille partit pour le continent et passa l'hiver à Rome. Pendant près de deux ans, John resta valétudinaire, se déplaçant sans but, l'esprit aussi vagabond que le corps. Le mariage Duquesne fut heureux : la famille Domecq en vint peu à peu à aimer et à admirer les ouvrages de Ruskin et, jusqu'à la fin, on ne parla de lui qu'avec la plus grande sympathie. Il écrit en 1885 : « Les hommes doués de l'imagination la plus haute et la plus passionnée sont toujours ballottés par elle sur des vagues furieuses », et il consigne le souvenir de « son absurdité, de sa douleur, de son erreur, de son amour méconnu » dans les décombres poussiéreux de l'oubli. Soit ! mais avec un tel homme, nous pouvons nous demander « ce qu'il serait devenu si l'amour lui avait mieux réussi » *Quien sabe ?*

Notre auteur a raconté toute l'histoire de sa carrière à Oxford avec la même délicieuse naïveté, mais il ne faut pas prendre trop à la lettre tout ce qui est dit dans les *Præterita* avec tant d'humour et de fantaisie. Le père, bien persuadé que son fils serait évêque, résolut de lui assurer la meilleure place dans le meilleur collège de la meilleure université. La famille Ruskin se tenait tellement à l'écart du monde que John James, malgré tout son bon sens et sa prudence, prenait souvent le parti le plus extraordinaire et le moins sage. Décidé à faire entrer son fils à Christ Church, le vieux négociant fut assez mal avisé pour faire d'un garçon timide et sans expérience un *Gentleman-Commoner*, lui donnant ainsi comme compagnons des jeunes gens du plus haut rang, riches et fashionables. Ces jeunes lords et ces fils de *squires* qui suivaient les courses, pariaient, méprisaient tout travail, et étaient même les héros de vilaines aventures, regardèrent naturellement l'étrange poète comme un objet de risée bien plutôt que comme leur égal. Un de ses commensaux de 1840, m'a raconté que Ruskin était un des jeunes hommes des plus aimables qu'on ait vus à Oxford, presque semblable à une jeune fille, et dont on se moqua d'abord, jusqu'au moment où quelques-uns devinèrent son génie et tous les autres sa bonté. Son charmant naturel, son esprit, son talent de dessinateur, son habileté aux échecs, sa générosité, son sherry tout à fait supérieur lui gagnèrent les cœurs de tous les jeunes « lions » qui, à la fin, admirent d'un commun accord qu'il était quelqu'un d'exceptionnel et d'un tout autre ordre qu'eux. En peu de temps il fut admis dans la société la meilleure et la plus choisie du collège.

Ce fut là qu'il se lia d'une amitié qui devait durer toute la vie avec (Sir) Henry Acland et le (doyen) Liddell, (Sir) Charles Newton et le Dr Buckland ; avec ce dernier il étudia la géologie. Les directeurs du Collège étaient le Rev. W. Brown et Osborne Gordon. Chez le Dr Buckland, il rencontra le Dr Daubeny et Charles Darwin. « Nous nous réunissions lui et moi, et nous passions toute la soirée à causer. » Il fut chargé de lire un essai dans la Grande Salle ; il s'en acquitta fort bien et avec succès, au scandale des gentleman — commoners qui se dérobaient à l'épreuve en se procurant un travail tout fait à raison de 1 sh. 6 d. la feuille. A la troisième épreuve, il remporta le prix de poésie avec un poème dont j'ai déjà parlé ; ce fut le seul honneur universitaire qu'il chercha à sérieusement remporter et dont il fut glorieux. Le collège fut fier de lui et le doyen Gaisford, ce Barbe-bleue académique de l'époque, eut la condescendance de lui faire répéter les parties du poème qu'il devait réciter publiquement. Ceux qui se plaisent à rechercher comment un homme simplement habile peut l'emporter sur un homme de génie compareront les « *Bohémiens* » du doyen Stanley avec ceux de Ruskin. Sans être plus poète que Ruskin, ne possédant même pas la dixième partie de l'esprit poétique de celui-ci, Stanley avait *le flair* du journaliste pour deviner le goût du jour et satisfaire les sentiments de ses lecteurs, sans se livrer à sa propre inspiration.

Un des incidents les plus singuliers de cette vie de « jeune fille » à la poursuite de grades universitaires se rapporte à la résolution de sa mère qui vint se fixer à Oxford où chaque soir elle prenait le thé avec John. De son côté le père, laissé seul, arrivait solennellement par le coche chaque samedi, sans que lui-même, ni John, ni personne du collège ne vît rien là d'extraordinaire et sans que l'on songeât à s'en moquer. Mais toute l'histoire de son séjour à Oxford doit être lue *cum grano* dans les *Prœterita* si pleins de fine ironie et d'inimitable badinage sur lui-même et sur ses amis.

John passa son premier examen pour l'admissibilité devant Robert Lowe qui fut « très bienveillant.» En fait, il avait sérieusement étudié les matières de l'examen, bien « qu'elles ne lui inspirassent aucun intérêt ». Il est évident qu'il lisait avec beaucoup de soin et que ses connaissances en géométrie élémentaire étaient de premier ordre. A la fin, et après l'altération si grave de sa santé qui l'éloigna d'Oxford pendant dix-huit mois (1840-41) il réussit si complètement dans son examen définitif qu'on lui décerna la quatrième classe honoraire en littérature classique et en mathématiques. Un double honorariat de quatrième classe signifie que l'élève qui poursuit seulement le degré ordinaire reçoit des examinateurs dans les deux écoles un honneur supplémentaire qu'il n'a pas sollicité. Le cas est fort rare et on avait coutume de dire que cela équivalait à une double première classe. C'était d'ailleurs dans le caractère de Ruskin de faire en perfection ce qu'il entreprenait. Savoir « toutes les syllabes de son Thucydide, » comme il le déclare, était un véritable tour de force scolaire.

Le séjour de Mme Ruskin à Oxford dont l'objet unique était de surveiller la santé de son fils, fut en quelque sorte justifié lorsque une nuit, au printemps de 1840, il fut pris d'hémoptysie et conduit par sa mère, à Londres, pour consulter les médecins qui sauvèrent sans doute sa vie en ordonnant le repos et un voyage à l'étranger. Ils partirent pour l'Italie ; ce voyage ne fut que d'un maigre profit au point de vue de la santé et de l'état moral de Ruskin, mais il y fit la connaissance de Joseph Severn et de George Richmond ; enfin, un été dans les Alpes, puis le traitement diététique du Dr Jephson à Leamington le rétablirent. Chose curieuse, les souvenirs des *Præterita* ne témoignent que d'un très faible intérêt lors de ce premier voyage d'Italie, même à Florence, Sienne et Rome où l'histoire, l'art et le roman paraissent ne l'avoir guère impressionné ; sa santé, sans doute, en était cause. Après son rétablissement, il travailla ferme avec Osborne Gordon, passa brillamment son examen et fut reçu bachelier ès-arts en mai 1842.

Il est difficile de mesurer l'influence d'Oxford sur Ruskin. Avec son ironie un peu excessive il dit : « tout le temps que j'y restai, mon esprit était simplement dans l'état d'une gousse qui n'est pas encore une cosse de pois » et il se moque assez agréablement de ses succès académiques. Plus tard, Oxford l'intéressa profondément et il y travailla avec ardeur durant son professorat. Malgré cela, Thucydide et la géométrie furent peut-être les seuls objets d'études régulières et systématiques que fit Ruskin durant toute son existence. D'un autre côté, le programme universitaire de l'époque, en y comprenant les concours, la prose latine et la grammaire grecque, détourna son esprit de sa pente naturelle à un moment critique et, avec ses déboires amoureux, lui fit perdre quelques-unes de ses meilleures années. En tous cas, Ruskin ne pouvait y éprouver que des impressions fort mélangées et y travailler qu'à bâtons rompus. Il est possible qu'Oxford eût été pour lui d'une réelle utilité s'il lui avait été donné d'y choisir lui-même ses occupations et ses relations, en dehors de toutes préparations aux examens, et si ses excellents parents n'avaient pas tant rêvé pour lui les plus grands honneurs universitaires dont une des plus hautes charges de l'Eglise devait être le couronnement.

Dans un passage caractéristique, mais un peu morbide peut-être des *Prœterita*, il rappelle quel était son état d'âme en quittant Oxford, ses facultés encore en germe, ses goûts naturels satisfaits beaucoup plus que sa conscience ; « le sentiment de ses devoirs envers lui-même et envers ses parents comme obscurci, celui de l'éternelle loi de jour en jour plus vague et presque assombri ». C'est le lot habituel du génie à vingt-deux ou vingt-trois ans. Il abandonna donc toute idée de devenir évêque et cela au grand chagrin de ses parents ; quant à entrer dans le commerce des vins, il s'y refusa nettement. Comme à travers le voile d'une brume flottante il distingua dès lors sa mission propre : il devait être le poète en prose de l'Art et de la Nature. Et, comme toujours, un nouveau voyage dans les Alpes avec sa famille en fut la conséquence. S'il fut d'abord et avant tout le poète en prose de la nature, l'art ne vint que plus tard et lui resta toujours subordonné. « Les nuages et les montagnes ont été ma vie », dit-il. « L'amour unique de la Nature fut pour moi la racine de tout et c'est à sa lumière que j'ai appris ce que je sais. » Personne, pense-t-il, n'éprouva jamais un tel ravissement que celui que lui causa la simple vue des montagnes. « Elles ne me hantaient point comme une passion, elles étaient ma passion même » et il en désigne deux « qui eurent une influence énorme sur sa vie ». L'enfant qui, à quatre ans, demandait un fond de « montagnes bleues » pour son portrait, qui, à sept ans, chantait le Skiddaw, qui, à la première vue des Alpes à Schaffouse, avait la révélation que « sa destinée était désormais fixée dans tout ce qu'elle pouvait avoir de sacré et d'utile », le jeune homme qui, à vingt-trois ans, avait passé la plus grande partie de son existence à étudier la nature, était évidemment destiné à devenir l'apôtre des paysages grandioses dans un siècle si bien préparé à les comprendre par Byron et Wordsworth ; il devait être aussi le juge de l'interprétation que les grands peintres nous ont donnée de la Nature.

Tout enfant, Ruskin avait commencé à dessiner, mais toujours en copiant et pour garder un souvenir des objets présents. A dix ans, il pouvait reproduire les illustrations de Cruikshank mais ne put jamais composer un dessin original. En 1832, à treize ans, il réussit un croquis du pont de Dulwich et on lui fit présent de l'*Italie* de Rogers « qui détermina la direction principale de sa vie ». Les vignettes de Turner le ravirent et il se mit à les imiter du mieux qu'il put. Runciman fut son premier professeur de dessin, et, à seize ans, il étudia sous la direction de Copley Fielding. A vingt ans, il prit des leçons de Harding. Vers cette époque et, peu avant de prendre ses grades, il avait dessiné à Norwood une branche de lierre entourant un buisson d'épines et il a souvent répété que ce lui fut une révélation de l'exacte vérité et de la stricte observation de la Nature comme fondement de tout art véritable.

Lorsque l'œuvre de Turner, dans l'*Italie* de Rogers, lui fut pour la première fois révélée, un peu comme cette première vision des Alpes à Schaffouse, le jeune Ruskin n'avait jamais entendu parler du maître; Runciman seulement lui avait dit que « le monde avait été ébloui par quelques idées splendides du peintre ». Ruskin avait dix-sept ans lorsqu'il fut soulevé d'indignation, comme nous l'avons vu, par l'attaque dirigée dans le Blackwood contre Turner, qu'on accusait d'être « contre nature » et la furieuse diatribe qu'il lança pour sa défense n'a guère été connue qu'après sa mort, car elle ne fut jamais imprimée. « L'article de la revue, dit-il, me mit dans une colère noire que je ressens encore ». Dans *Prœterita*, Ruskin appelle cet essai « le premier chapitre des « *Peintres Modernes* ». En 1837, son père lui acheta son premier Turner — le « Richmond, Surrey »; comme son fils, il aimait à en vanter « les arbres, l'architecture, les eaux, le ciel enchanteur et les figures brillantes groupées comme dans un bouquet ». Le second tableau de Turner en 1839 fut le « Gosport ». Pour son vingt et unième anniversaire, son père lui donna le « Winchelsea », qu'il suspendit dans sa chambre de Christ Church; et, plus tard, il acheta le « Slave Ship » le « Harlech », et d'autres ouvrages du maître; « ils étaient dit-il, ma principale récréation dans mes heures d'abattement ». D'après ses souvenirs les plus lointains, il avait étudié les

Turner de la collection de M. Windus à Tottenham. Ce généreux et admirable amateur acheta tous les dessins que Turner avait faits pour la gravure et ouvrit à Ruskin l'accès de ses salles. « Ce fut lui qui me permit d'écrire les « *Modern Painters* ».

Enfin survint, nous dit-il « ce que le lecteur pourrait supposer devoir être l'événement principal de ma vie ». — John Ruskin fut présenté « à l'homme qui, sans aucun doute, est le plus grand de notre époque ». Ce sont les termes mêmes de son journal à la date du 12 juin 1840 : —

Je trouvai un gentleman de tournure d'esprit bien anglais, un peu excentrique, aux manières vives, très pratique ; évidemment d'un bon naturel, évidemment aussi d'un caractère difficile, détestant tout charlatanisme, malin, légèrement égoïste, hautement intellectuel, ne manifestant pas ses facultés comme à plaisir et pour étonner mais les laissant éclater à l'occasion par un mot ou un simple regard.

C'est ainsi que le jeune bachelier de vingt-deux ans jugeait le grand peintre qu'il devait, un an ou deux plus tard, faire connaître, interpréter, louer à outrance et immortaliser en paroles brûlantes devant le monde ébloui mais étonné.

4

CHAPITRE IV

LES « PEINTRES MODERNES »

Nous abordons maintenant la carrière du jeune Ruskin en tant qu'apôtre de la Nature et de l'Art, avec ce livre que le monde entier a considéré comme son œuvre capitale et typique, en dépit de ses propres dénégations et de certaines raisons militant en sens contraire. Sa mission était de prêcher l'étude esthétique de la Nature et de défendre Turner comme le principal interprète du culte nouveau. A peine de retour d'un nouveau voyage dans les Alpes, qui fut probablement le cinquième, et après avoir revêtu à Oxford la robe de bachelier, il s'établit à Herne Hill dans l'automne et l'hiver de 1842 pour écrire son livre des « Peintres Modernes » ; il avait alors vingt-trois ans. Chaque passage une fois terminé, il en donnait lecture devant son père, sa mère et sa cousine Mary et des larmes de joie coulaient des yeux de ses parents enthousiasmés. C'est alors que fut peint son premier portrait par George Richmond de l'Académie Royale : le jeune poète est représenté assis à son bureau, le crayon à la main, le Mont-Blanc dans le fond ; l'expression du visage à la fois inspirée et méditative. Ce furent peut-être alors les heures critiques de sa vie, mais sans doute aussi les plus heureuses et les plus sereines.

Tout grisé des Alpes, des montagnes, des lacs, des châteaux et des églises du Rhin, de la Suisse, de l'Italie, du Cumberland et du Perthshire, ami personnel de Turner et possesseur de quelques-uns de ses meilleurs tableaux, élève de Copley Fielding et de Harding, comblé d'honneurs à Oxford et couronné comme poète, Ruskin appliquera désormais tout son zèle à développer son premier plaidoyer en faveur de Turner et les idées de « Kata Phusin » sur l'Art et la Nature. Mais il fallait d'abord reviser les anciens dogmes et exposer les véritables. Sans hésitation ni timidité, le jeune homme imbu des idées de Platon, d'Aristote, d'Euclide et d'Aldrich, établit les principes de l'Art et de l'exacte reproduction de la nature, en une série de propositions tranchantes, pleines de mépris pour les règles vénérables et les lieux communs populaires. L'idée dominante de son retentissant appel aux peintres était de repousser toutes les traditions académiques et de revenir humblement à la Nature, sans rien rejeter, sans rien mépriser, sans même choisir. Il est bien évident que Canaletto, Poussin et Claude ne suivirent pas cette voie ; aussi ne furent-ils que des aveugles conduisant d'autres aveugles. Nos peintres anglais modernes (et le jeune critique ne savait certainement rien des étrangers) fixaient leurs regards sur les choses de la nature et les reproduisaient comme ils les voyaient ; si des hommes comme Prout, C. Fielding, Harding, Cox se limitaient à des études partielles, Turner, lui, avait tout reproduit : les arbres, les rivières, la mer, les nuages, les montagnes, dans tous leurs détails, sous toutes leurs couleurs et sous tous leurs aspects, transfigurant chaque objet avec son sentiment poétique et la magie de sa vision.

Cette doctrine, — une vraie doctrine après tout, qui a prévalu et domine aujourd'hui, — se trouvait donc affirmée avec une assurance militante que seul pouvait se permettre un premier prix d'Oxford qui vient de prendre ses grades, et avec une subtilité, une imagination, surtout une passion dont nul homme vivant n'était alors capable. Toutes ces affirmations s'appuyaient çà et là sur des réminiscences des philosophes grecs, sur l'avis d'Aristote de ne tenir pour vrai que ce qui est dûment prouvé, sur les protestations de

Platon contre la fausse science des sophistes et leur goût des belles phrases qu'ils préféraient à la vérité ; sur les révoltes de Bacon contre l'Ecole ; sur la répudiation par Locke de toute autorité traditionnelle. Et cette argumentation était soutenue par une réthorique splendide, par un torrent d'exemples, par des mots qui peignent et par des mots qui flagellent ; on n'aurait jamais pu rêver pareille révolution dans tous les pesants lieux communs de la critique conventionnelle. Elle faisait songer aux brûlantes revendications de Rousseau en faveur de l'état de nature qu'il opposait à l'*Ancien Régime* ; à l'appel de Wesley en faveur de l'esprit de Jésus opposé à l'opulence de l'Eglise et surtout aux invectives du « Sartor » flétrissant la bassesse et l'imposture ; mais les sarcasmes étranges du puissant « Tailleur » étaient remplacés par de merveilleux souvenirs de voyages et des espèces de symphonies fondues dans la plus admirable mélodie.

Le livre fut terminé pendant l'hiver et publié en mai 1843. Il devait avoir pour titre « Turner et les anciens », mais, sur l'avis de l'éditeur, il fut remplacé par le suivant : « Les Peintres Modernes : leur supériorité dans l'art de peindre les paysages sur les anciens maîtres, démontrée par des exemples de vérité, de beauté et d'Intelligence tirés des œuvres des artistes modernes, en particulier de celles de J. M. W. Turner, esq. R. A. ». C'était là un sous-titre caractéristique et très sincère, rendant très bien l'esprit du premier volume avec son dogmatisme, son assurance, la combativité et le côté chevaleresque du nouvel évangile. Pour éviter le reproche de présomption chez un jeune homme de vingt-quatre ans, sur le conseil du père plus avisé, l'auteur ne signa pas de son nom mais simplement « Un Gradué d'Oxford ». En dépit de ce subterfuge littéraire, le jeune chevalier, sous sa cotte d'armes, mystérieux et voilé, lança son défi pour défendre son maître contre tous venants dans la lice de l'Art, devant la Vérité et la Beauté pour juges et en présence de la Nature, maîtresse du camp.

L'apparition du premier volume des *Peintres Modernes* produisit une vive sensation dans le monde littéraire comme parmi les artistes. Les organes attitrés de la critique furent hostiles et dédaigneux. Les peintres qu'il avait loués en les critiquant ne furent point satisfaits d'un éloge mitigé et Turner fut quelque peu déconcerté par le zèle et l'enthousiasme de son jeune défenseur. Il y avait certes, dans la tranchante hérésie du jeune réformateur, de quoi scandaliser l'amateur, l'artiste vieilli dans le métier, l'écrivain à gages et l'interprète étroit et littéral de la Bible ; mais les hommes éclairés y virent bien une idée nouvelle. Le poète Rogers, auquel John Ruskin avait été présenté dans son enfance et qui l'avait invité à ses fameux déjeuners, donna au livre une place d'honneur sur sa table ; Sydney Smith, nous l'avons déjà vu, avait reconnu la puissance de son talent ; Tennyson, à qui la nature apparaissait si souvent sous le même aspect, demanda l'ouvrage; Sir Henry Taylor le jugea plus solidement pensé qu'aucun autre. Les poètes furent les premiers à reconnaître comme un des leurs le poète en prose de la Nature, qui avait placé une couronne immortelle sur la tête du peintre poète de cette même Nature.

Le monde des lettres voulut comme d'habitude, accaparer le nouvel auteur et les invitations affluèrent chez le jeune gradué d'Oxford. Le père, enthousiasmé, n'eut plus de scrupules à divulguer le nom de l'auteur et il lui acheta le « Vaisseau négrier » de Turner, tableau d'un effet terrible et d'un réalisme saisissant qui resta longtemps suspendu au mur de la salle à manger. La famille avait alors quitté la maison de Herne Hill pour une autre plus spacieuse à Denmark Hill. L'auteur de ce livre se souvient lui-même de cette vaste maison de campagne de justes proportions, située au milieu d'un terrain de près de sept ares, avec une allée carrossable, des jardins, des bosquets, un enclos et une petite ferme, dans un site charmant et bien aéré, les murs de toutes les chambres ornés des meilleurs spécimens des dessins de Turner. La famille y resta jusqu'à la mort de la vieille Mrs. Ruskin, en 1871, et y exerça une cordiale hospitalité, toujours fière de montrer ses trésors — une trentaine de Turner, une demi-douzaine de Hunt, un Tintoret, la collection de minéraux, les pommes, les pêches et « de jeunes porcs parfaitement dressés parlant le meilleur irlandais ».

Le père, entièrement converti au mérite de Turner, devenu un acheteur fidèle de ses œuvres, désirait avec ardeur voir son fils donner une suite aux *Peintres Modernes*. Il fallait appliquer encore les principes de vérité et multiplier les exemples tirés des montagnes, des nuages et des forêts. Aussi, après avoir célébré l'anniversaire du père de famille en mai 1844, ils partirent tous pour la Suisse, pour la sixième fois. Là, John étudia le Mont-Blanc, ses aiguilles et ses glaciers, sous la conduite de Couttet, le fameux guide ; il en dessina tous les aspects avec beaucoup de force et de précision — réunissant en sa personne le géologue, le montagnard et l'artiste — car il comprenait la constitution des roches mieux qu'aucun peintre et pouvait dessiner mieux que n'importe quel touriste ou géologue. « Bien des heures d'un temps précieux alors que ma vie était parfaite, furent ainsi dépensées pendant ces années, à observer le ciel... J'appris beaucoup de choses sans utilité maintenant pour personne, car pour moi elles ne sont plus qu'un souvenir mélancolique, pour les autres que les fantaisies d'un vieillard » *(Præterita*, 11, 94.1886).

Il y rencontra le professeur Forbes, étudia avec lui les glaciers et devint l'ardent défenseur de la « théorie de la viscosité ». De là, il passa aux lacs d'Italie par le col du Simplon où il dessina beaucoup et surtout nota dans un délicieux journal ses impressions sur les paysages et les beautés de la nature. Il vit le Bel Alp et Zermatt et fut étonné en présence du Cervin et du Weisshorn, qui lui semblèrent inférieurs au Mont-Blanc. Il revint par Paris, étant maintenant suffisamment guéri « pour en supporter la vue ». Il visita le Louvre et là se produisit en lui un grand changement dans sa conception de l'art. Il découvrit dans les primitifs italiens bien des choses auxquelles il était resté jusqu'alors indifférent. Il s'étonna — et nous nous étonnons également — qu'un homme de vingt-cinq ans ait pu rester jusque-là aussi ignorant de l'ancien art italien, aussi insensible après avoir vu, à vingt-deux ans, Milan, Pise, Florence, Venise et Rome. C'est seulement dans l'été de 1844, nous dit-il, que lui fut révélée tout à coup la grandeur de Titien, de Véronèse, de Bellini et de Pérugin. Il comprit enfin que ce que le gradué d'Oxford avait si ardemment étudié pendant dix ans, n'était qu'un petit coin du monde de l'Art, que, en réalité, de très grands hommes avaient vécu avant Turner et que le promoteur d'un nouvel Evangile de l'art devait connaître quelque chose de l'histoire de l'art et — même de celle de l'homme — matières où notre jeune gradué n'était qu'un apprenti. En un mot, la défense de Turner et des Modernes devait reposer sur des bases plus larges et les anciens devaient être étudiés de nouveau.

L'automne et l'hiver de 1844 furent consacrés à l'étude de l'histoire et de l'art du Moyen Age, dans Rio et lord Lindsay, et il parut indispensable avant de continuer les « *Modern Painters* » de travailler à Pise et à Florence. En avril 1845, il partit seul pour la première fois, sans ses parents, mais il était accompagné de George, son valet de chambre, et de Couttet, le guide de Chamonix. Quelques vers écrits à Genève sur le Mont Blanc et dans un profond sentiment religieux le convainquirent qu'il ne pouvait rien exprimer correctement sous cette forme et il renonça pour toujours — et certainement avec raison — à la poésie. C'est à Lucques que ses yeux semblent s'être ouverts pour la première fois à la puissance de l'architecture et la tombe d'Ilaria di Caretto — « devint pour lui comme un guide pour l'avenir ». Il s'était procuré des livres et lisait Dante dans la traduction de Cary, les *Républiques Italiennes* de Sismondi et *l'Art Chrétien* de Lord Lindsay. Pise et son Campo-Santo où il voyait « en une peinture qu'un enfant pourrait comprendre toute la doctrine Chrétienne » rendirent plus profond son enthousiasme pour l'art du Moyen Age ; il aspirait toute la doctrine évangélique dans ces fresques « si nettes d'intentions, d'inspiration si ardente et si claire ». C'est à Pise, et à la chapelle Spina qu'il fixa pour des années le centre de ses études sur l'art italien, dessinant sans relâche de six heures du matin à quatre heures du soir.

De Pise il vint à Florence où il passa son temps dans les monastères et les chapelles, à Santa Maria Novella, à Santa Croce, à San Marco, tout absorbé par Angelico et Ghirlandajo — « Lippi et Botticelli étaient encore bien loin de lui » — ou bien musant après dîner à Fiesole ou à San Miniato. A Florence son unique occupation fut : « penser et écrire ». Il remonta ensuite au nord à Macugnaga au-dessous du Mont-Rose où, chose étrange, il trouva peu d'intérêt, excepté dans la lecture qu'il fit alors, pour la première fois, des drames romains de Shakespeare. Rien non plus d'intéressant au Val Anzasca ! Telle était « sa manière fort décousue, mais très attentive de lire par laquelle il débuta dans sa cellule moussue à Macugnaga ». De là, il prit la route du Saint-Gothard par Faïdo et Dazio Grande et écrivit le chapitre qui est un des joyaux du 3ᵉ volume des *Modern Painters*. A Baveno il fut rejoint par Harding et ils errèrent ensemble autour des lacs et à Vérone — « il n'y eut pas de meilleur temps pour tous les deux » —. Il nous dit que « si Rouen, Genève et Pise ont été le centre de ses réflexions et de ses études, c'est Vérone qui donna la couleur à tout ce qu'il reçut d'ailleurs ». Il alla ensuite à Venise à la demande de Harding et là, pendant une semaine, ils se promenèrent au milieu des marchés et des bateaux, à la recherche d'effets de lumière sur la mer et sur la cité. En flânant ainsi ils arrivèrent un jour à la Scuola di San Rocco et soudain il eut là comme une révélation du Tintoret : la vie future de Ruskin en reçut une nouvelle orientation.

Nous connaissons (et surtout par lui-même) un grand nombre d'incidents fortuits qui déterminèrent la direction qu'il était appelé à suivre : — le cadeau de l'*Italie* de Rogers, la première vue des Alpes, une branche de lierre enroulée autour d'une ronce, la tombe d'Ilaria, le Campo-Santo, le Mont-Blanc, un Véronèse du Louvre — mais la première vision des Tintoret de San Rocco semble avoir produit la plus réelle et la plus importante de ses conversions esthétiques. « Sans ce jour malheureux et béni », où le gardien ouvrit les portes de la salle déserte comme si elles eussent été celles du Paradis, Ruskin croit qu'il aurait écrit les Pierres de Chamonix au lieu des Pierres de Venise. Mais avec le Tintoret, il se plongea dans l'école vénitienne et fut ainsi conduit à étudier l'histoire de Venise elle-même. Ce fut comme un nouveau ciel qui lui était soudainement ouvert. Mais, dans ce même temps, survint pour lui — et pour le monde — « une nouvelle fatalité » — dont il ne pouvait dès lors prévoir toutes les conséquences, — la découverte de la photographie.

Pendant qu'il étudiait ainsi à Venise avec Harding les galeries de peintures et les couchers de soleil, ils furent rejoints par Boxal, de l'Académie Royale, qui fut quelque temps directeur de la « National Gallery » et ils fréquentèrent Mme Jameson, laquelle était « absolument dénuée de toute connaissance et de tout instinct pour la peinture » mais sincère, laborieuse et fort agréable. Il fut alors pris d'un accès de fièvre — évidemment d'origine malarienne, quoiqu'il ne voulût pas en convenir — mais personne n'étudie à Venise sans prendre la malaria ; — et il rentra péniblement chez lui dans un état de profonde dépression, avec l'image de la mort devant les yeux. Pour la première fois peut-être, nous dit-il, il pria Dieu avec une foi fervente et en toute humilité et il eut le sentiment que sa prière était exaucée. La crise fut de courte durée, peu à peu il perdit le sentiment d'une relation directe avec le ciel et à peine avait-il retrouvé la santé en même temps que sa demeure qu'il « retombait dans la faiblesse et les ténèbres du Monde Inférieur ».

Dans *Prœterita* (II, 159) Ruskin a essayé de nous décrire sa situation au point de vue religieux pendant qu'il écrivait le deuxième volume des *Modern Painters*, mais nous ne devons pas oublier qu'il rappelait alors des souvenirs de quarante ans et que toutes ses confessions sont pleines de modesties à demi-ironiques dont il est difficile de faire la part.

« Il est extrêmement difficile de définir et à peu près impossible d'expliquer l'état de mes sentiments religieux alors que je préparais ce second volume. Tout ce que je sais ou ressens maintenant touchant la justice de Dieu, la dignité de l'homme, la beauté de la nature, je le savais et le ressentais alors avec autant de force, mais ces fermes croyances étaient troublées par la continuelle découverte, jour par jour, des erreurs ou des bornes des doctrines qu'on m'avait enseignées, des sottises et des inconséquences de leurs propagateurs ; tandis que, pour moi-même, j'étais certain, depuis la récente défaillance de mon cœur, que je n'avais aucune part au privilège des saints, que je n'étais, pour les choses divines, ni plus ni moins bien partagé que les animaux

bien dressés ou les petits oiseaux à l'âme sereine... etc. »

Ruskin ne voulut jamais, comme s'y refusent d'ailleurs tant de personnes, reconnaître à quel point l'état du tempérament, de la santé, les chagrins, l'espoir, le désespoir réagissent sur les impressions spirituelles et les élans religieux. « Les crises de ce genre, » comme les fantômes, sont trop souvent des problèmes pour les médecins. L'attitude de Ruskin au point de vue religieux, bien qu'il ne devint jamais un sceptique ou un athée, changea continuellement et fut toujours en intime relation avec son état moral, mental et le degré d'équilibre physique du moment.

Les lignes citées plus haut se terminent par une charmante raillerie au sujet de la cotte d'armes que le marchand de vins prospère choisissait à cette époque pour être peintes comme armoiries sur sa voiture. C'était une variante de celles de la famille Ruskin : de *sable*, un *chevron* entre six têtes de lances, d'*argent* par l'addition sur le chevron de trois petites crosses de *gueule* (« dans le cas de mon entrée possible dans les ordres »). Et, pour Cimier, après beaucoup de recherches dans les livres héraldiques, on choisit une tête de sanglier avec la devise : « Age quod agis » — ce Cimier, John ne voulut jamais l'appeler qu'un « cochon » et lui-même un « petit cochon », tandis que la devise fut changée et devint « Aujourd'hui ». Ce fut cette tête de sanglier pour Cimier qui donna l'occasion des vers célèbres qui parurent dans le *Punch* (? par Tom Taylor.)

> « Je peignais, je peignais,
> « Avant d'être sec je vendais,
> « Tant chacun me trouvait parfait.
> « Jusqu'au jour où Ruskin, ce sauvage,
> « De ses crocs perça mon ouvrage,
> « Si bien que depuis ce temps
> « A personne plus je ne vends. »

Enfin, dans une allusion nouvelle au sus-dit sanglier, il choisit pour son patron saint Antoine de Padoue que l'on représente dans sa solitude entouré de porcs.

Pendant tout l'hiver de 1845-46, Ruskin s'occupa de ce second volume qui parut au commencement de l'été 1846. Il avait, nous dit-il, deux intentions à remplir : la première, de dire ce qu'est la beauté dans tout organisme vivant dans d'heureuses conditions ; la seconde, de faire connaître deux écoles alors inconnues du public anglais, — celle de Fra Angelico à Florence, celle du Tintoret à Venise. Le style du livre était modelé sur celui d'Hooker et c'était dommage ; rien d'extraordinaire à ce que, en le finissant, il ait éprouvé de la fatigue.

« Il n'est maintenant lu que pour quelques jolis passages, dit-il, et on ne parle que bien rarement de sa théorie de la beauté. » Les louanges qu'il donnait au Tintoret ne purent décider son pays à acheter quelque bon tableau de ce peintre ; mais il croit que son livre inspira une plus équitable appréciation de l'ancien art religieux et éveilla un plus profond intérêt en faveur des peintres qu'il avait voulu glorifier. Certainement il fit cela, et quelque chose de plus encore. L'influence personnelle et littéraire de Ruskin dirigea le goût du temps vers ce que les Français appellent « les Primitifs » et leur assura une place équitable dans notre « Galerie Nationale » comme dans les autres collections publiques ou privées.

CHAPITRE V

LES SEPT LAMPES DE L'ARCHITECTURE

Les dernières pages du second volume des *Peintres Modernes* étaient à peine envoyées à l'impression que l'écrivain, fatigué de son labeur, partait encore une fois pour les Alpes avec sa famille. Ce ne fut pas en vain que l'on essaya de cet infaillible remède à tous les maux, « le pouvoir qu'ont les montagnes d'élever les pensées et de purifier le cœur ». Il rappelle « la joie démesurée » qu'il éprouvait à voir le bateau plonger au milieu des vagues dans la direction de Calais et l'attente « des chevaux de poste le lendemain, leur attelage tourné vers le Mont-Blanc ». Ils traversèrent le Mont-Cenis et de là se rendirent à Turin, Vérone et Venise où John essaya, sans beaucoup de succès, de convertir son père et de le détourner des peintres modernes pour lui faire goûter l'architecture vénitienne. Le fils était impétueux, le père obstiné. John reconnaît quant à lui qu'il était « obstiné autant qu'impétueux » et « persuadé de plus en plus chaque jour que les autres avaient toujours tort ». Mais il cherche à nous persuader que cette arrogance ne vient pas de la vanité, mais de ses chagrins. « Ne m'accusez pas d'être présomptueux, dit-il, si j'ai voulu ne suivre que la nature » ; il n'a jamais cherché qu'à connaître, puis à enseigner la vérité, jamais il n'a recherché la gloire. Et cela est absolument vrai.

Ils retournèrent tous à Chamonix où il reprit ses études sur les rochers et les glaciers avec un profond ravissement. Les pédants qui se moquaient tant des phrases sonores de ses livres sur l'art, comme de pièges recouverts de mots colorés pour attraper les badauds, auraient été bien surpris de retrouver dans son journal intime, à cette époque, les mêmes peintures réalistes et la même surabondance de style. Ce n'était que de simples notes, jetées le soir sur son cahier, destinées à n'être lues que de lui et à fixer ses impressions ; et voici qu'elles ont la précision, le brillant et la musique même de ses livres les plus achevés. Ruskin, comme l' « Hérode » de Stephen Phillip, « pensait avec des mots dorés et rêvait avec des mots d'argent », même dans ses plus intimes méditations. Les notes de son journal éclosaient spontanément en images magnifiques et en peintures éclatantes :

« *(23 Août 1840) — pluie toute la journée — noté le pourpre écarlate intense des branches cassées d'un mélèze, mouillé, formant contraste avec le jaune de la térébenthine qui en découle ; les tiges des aunes ressemblent à celles des bouleaux, couvertes qu'elles sont de mousses blanches et touffues qui rappellent le corail.* »

Ces lignes — dont les mots rappellent les croquis de Turner — ne furent imprimées que cinquante ans environ après qu'elles furent écrites. Voici encore un autre passage de son journal (26 juillet 1854) :

« *J'étais ce matin de bonne heure auprès du moulin et j'escaladais la rive droite au milieu des prairies en pente. Jamais je ne fus aussi frappé de leur beauté — la masse des noyers étendant sur elles l'ombre de leur feuillage si large, si frais, si régulièrement découpé, — les tiges d'un gris d'argent des cerisiers, comme revêtues d'un brillant satin, s'unissant ou se tordant dans l'ombre ; — les têtes énormes des chênes s'élevant çà et là le long des douces rives, comme pour montrer leur agrément par le contraste, belles elles-mêmes avec leur écorce rugueuse et leurs mousses d'argent bruni; par places un châtaigner, raide et luisant; et toujours les bords de la rivière en escalade les uns au-dessus des autres, formant des terrasses de pur velours vert, bordées par l'or des moissons; par places encore, un rocher d'ardoise d'un noir de jais, lève son front au milieu d'eux, s'enfonce sous le lit torrentueux qui frange d'écume le bord opposé, formé d'une falaise grisâtre que surmontent un bouleau délicat, un pin sauvage, le tout se profilant sur la neige lumineuse du Mont Blanc; — de l'autre côté, le puissant Varens dont les superbes escarpements se perdent dans les nuages.* »

Le touriste alpin ne regarde ordinairement pas ainsi, ne voit pas de même et, le soir, n'écrit pas un pareil journal; mais Ruskin sentait et écrivait ainsi. Il ne pouvait s'y soustraire — ne fût-ce que pour fixer la vision qui lui avait procuré tant de bonheur.

De retour en son pays, le jeune auteur se trouva déjà célèbre et fut bien accueilli dans le monde des lettres. Miss Mitford dit « qu'il était l'homme le plus charmant qu'elle eût encore rencontré ». John Murray voulut l'enrôler pour Albemarle Street et Lockhart l'attacha à la *Quarterley Review*. On l'engageait à écrire un article sur *L'Art chrétien* de Lord Lindsay. Ruskin avoue qu'il en savait bien moins que Lord Lindsay sur l'art italien mais il fut entraîné par un motif « de nature tout à fait irrésistible ». Dans la maison de la veuve de Sir Humphry Davy, il avait rencontré Charlotte, la fille de Lockhart, « une fée écossaise, une sorte de Dame Blanche, fatale ensorceleuse, semblant sortir de l'écume des torrents de Rymer's Glen, et visible seulement au clair de lune sur les sommets des Eildon ». Naturellement, John tomba amoureux de cette féerique petite-fille de Sir Walter Scott, soupira en silence et ne put jamais arriver à lui parler sérieusement : « elle faisait peu attention à ce que je disais » ; et c'est ainsi, qu'à table et par-dessus sa tête, il se querellait avec M. Gladstone au sujet des prisons de Naples. Pour la séduire, il écrivit un article sur l'art chrétien et s'aperçut de l'inutilité de ses efforts. Désespéré, il tomba encore une fois dans un découragement profond et devint malade. Charlotte Lockhart, comme on le sait, épousa Hope Scott.

Réduit de nouveau « en un tas de cendres grises », au printemps de 1847, il se retira à Ambleside dans un état de dépression tel qu'il n'en connut pas de pire jusqu'en 1861 ; enfin, désappointé, dyspeptique, et dégoûté de son article de la *Quarterly*, il rentra chez lui avec une santé si compromise que ses parents le confièrent encore une fois aux soins du Dr Jephson de Leamington. Là, déçu dans son amour, il s'abandonna à l'amitié.

« Je m'attache fortement, dit-il, aux lieux, aux tableaux, aux chats, aux chiens, aux jeunes filles » ; mais il s'avoue peu enclin à rechercher l'amitié des hommes. Gardons-nous de conclure de ce qu'il dit que John Ruskin n'eut pas d'amis et ne connut pas les longues amitiés qui durent toute la vie. Il était en effet l'homme le plus aimable et le plus aimant, plein de sympathie et de cœur ouvert, mais ses amitiés n'avaient rien de la passion ardente que lui inspiraient les montagnes, la mer, tous ses dadas favoris et ses tableaux. Ainsi disposé, il s'en alla visiter Macdonald Macdonald à Crossmount, au pied du Schehallien, dans les Highlands ; là, dégoûté du « sport », mélancolique, il arrachait des chardons sur la lande, se tenait éveillé aux cris de la chouette et tristement ruminait sur sa vie, — sur la religion calviniste — et sur l'au-delà.

Nous voici maintenant arrivés à une grande lacune de deux ans dans l'autobiographie de Ruskin et cette lacune doit se retrouver dans notre récit. Le dixième chapitre des *Præterita* finit avec l'automne de 1847 et le onzième s'ouvre en juillet 1849. Au cours de ces deux années eurent lieu son mariage, une dangereuse maladie pendant qu'il était fiancé et son établissement dans Park Street à Londres, où il écrivit les *Sept Lampes de l'Architecture*. Sur tout cela, il ne nous dit rien et ce qui intéresse le public peut être conté en peu de mots.

Ses parents en vinrent à cette conclusion que le mariage seul pourrait guérir le corps et l'esprit de John et ils le pressèrent d'épouser la fille de leurs vieux amis du Perthshire, les Gray. Sept ans auparavant ils avaient visité Hern Hill et la jeune fille avait mis Ruskin au défi d'écrire pour elle un conte de fées, qu'il entreprit avec allégresse. C'était le *Roi de la Rivière d'or*, un mélange de Grimm et de Dickens, avec les Alpes pour cadre. C'est ainsi, qu'assez brusquement et presque sans y penser, John Ruskin épousa, à Perth, Euphémia Chalmers Gray, le 10 avril 1848, — jour fameux dans les annales du Chartisme. Elle était d'une grande beauté, hautaine, et bien connue de tous comme la femme triomphante de la fameuse peinture, « *La mise en liberté* » à la Tate Gallery. Pendant qu'ils étaient en route pour le Midi, Ruskin contracta une grave maladie du poumon en dessinant dans la cathédrale de Salisbury ; sa vie fut en grand danger. Un voyage à l'étranger, l'habituelle panacée, fut entrepris en compagnie de toute la famille ; mais une rechute en Normandie les força à rebrousser chemin. Ils repartirent enfin, visitant les vieilles églises, John tout absorbé par l'architecture. En octobre, le couple s'établit dans Park Street et Ruskin s'attacha furieusement à la préparation de ses *Sept Lampes* qui l'occupèrent durant tout l'hiver de 1848-49. Elles furent publiées au printemps de 1849 ; mais, dans l'intervalle, toute la famille Ruskin était de nouveau partie pour les Alpes — John en compagnie de Couttet, le guide, et de George, son valet de chambre, très probablement sans sa femme.

En tout cas, son nom n'est point mentionné dans le journal de voyage, dans les *Præterita* ou dans *Fors*, pas plus que dans les Mémoires qui ont paru avec la sanction de sa famille et de ses amis. Ce n'est point d'ailleurs l'affaire du public de chercher à déchirer le voile dont ils ont voulu recouvrir la vie conjugale de Ruskin. Il est évident que cette union n'apporta de bonheur ni à l'un ni à l'autre, qu'elle n'eut du mariage que le nom, bien qu'aucune allusion n'ait jamais été faite à une rupture ou à un désaccord. Pendant toute sa durée, Ruskin ne cessa de poursuivre avec ardeur ses études d'architecture, de voyager, d'écrire et de réunir des matériaux. Londres et la société lui pesaient et l'irritaient, tandis qu'ils absorbaient sa femme. Une fois pourtant il la conduisit à un bal à Venise et à une réception à Buckingham Palace. Dans l'été de 1853, J. Everett Millais, le futur président de l'Académie Royale, séjourna quelque temps chez les Ruskin, à Glenfilas, et fit leur portrait à tous les deux. Un beau jour, la femme quitta son mari et se retira chez ses parents. Un procès en nullité de mariage fut intenté devant la cour d'Ecosse par la femme, le mari n'y fit aucune opposition. Euphémia Gray épousa par la suite le célèbre peintre et fut très répandue dans le monde de Londres et dans le Perthshire sous son nouveau nom de Lady Millais. John retourna vers ses parents à Denmark Hill et il y resta jusqu'à leur mort. Ni ce mariage, ni sa rupture ne paraissent avoir sérieusement influé sur son caractère, ses habitudes et ses travaux. Le devoir d'un biographe ne consiste pas à juger les événements de cette malheureuse époque d'une vie assez éprouvée.

Les *Sept Lampes de l'Architecture* étaient impatiemment attendues dans le monde cultivé et n'apportèrent aucun désappointement. Le livre fit, pour l'art de construire, ce que les *Modern Painters* avaient fait pour la peinture. Il renversa et déracina les idées conventionnelles et mit à leur place tout un corps de doctrines nouvelles et fécondes. On y retrouvait les mêmes hardiesses, le même dogmatisme et une éloquence encore plus émouvante. C'était le premier des ouvrages de Ruskin qui parût avec des illustrations et il ouvrait la brillante série de ses écrits où se trouvent combinés un don irrésistible de style et une exquise habileté de crayon. Il s'adressait en outre à une classe de lecteurs beaucoup plus nombreuse que les *Modern Painters*. Les amoureux de Turner, de Hunt, de l'Angelico et du Tintoret étaient alors en petit nombre ; mais tout le monde pouvait s'intéresser à l'art des constructions publiques et le jeune réformateur établissait hardiment les lois qui devaient présider même à la construction des maisons privées et à leur décoration. Les *Lampes* éclairaient donc toute une nouvelle région et brillaient sur un cercle agrandi de lecteurs.

Les *Sept Lampes* (et il nous dit la difficulté qu'il eut de n'en pas compter une ou deux de plus), les sept lampes étaient la Vérité, la Beauté, la Force, le Sacrifice, l'Obéissance, le Travail, le Souvenir ; et, à chacune de ces idées morales, intellectuelles et spirituelles qui devaient être représentées en pierres, il consacra un chapitre merveilleux d'ingéniosité, d'enthousiasme et d'éloquence. Il n'est pas besoin d'ajouter que ces chapitres fourmillaient aussi de paradoxes, de contradictions, de sophismes, hypothèses hasardeuses. Les exposer en détail exigerait un volume ; il en faudrait trois autres pour les analyser et les dégager des vérités auxquelles ils sont enchevêtrés comme la mousse et le lierre sur une vieille tour ; mais ces vérités sont cimentées jusque dans leurs fondations et n'ont pu être ébranlées depuis deux générations. La loi de la Vérité dans l'art peut être mise à côté des protestations de Carlyle contre les « Impostures ». Qu'un monument doive paraître ce qu'il est et montrer sa destination, personne qui ne le reconnaisse maintenant. Que la Beauté ne vient qu'après la Vérité et que cette Beauté doit être cherchée dans les monuments de la Nature même ; que l'art de construire doit refléter la vie et le caractère, les passions et les croyances d'un peuple ; que, dans l'étude d'un monument nous ayons à considérer les ouvriers qui l'élevèrent ; que l'art n'est point à lui-même sa propre fin, mais qu'il n'est que l'instrument à l'aide duquel on peut exprimer et répandre des idées morales, intellectuelles, nationales et un idéal social ; — tout cela est maintenant l'alphabet du grand art.

Ce livre des *Sept Lampes* est celui que l'auteur a le plus vivement critiqué et auquel il semble avoir porté le moindre intérêt. Il y est fait assez rarement allusion dans *Præterita* ou dans *Fors*, et toujours sur un ton de dénigrement. Ce n'est pas cependant qu'il rejette les opinions qui y sont exprimées, à l'exception de son excès de puritanisme, mais il condamne le livre pour ses *purpurei panni*, sa rhétorique et son luxe de mots à images. Il faut bien reconnaître qu'il y a là plus de gesticulation littéraire que dans aucun autre de ses ouvrages et que le style est en parfait contraste avec l'aisance et la simplicité de ses écrits sociaux. Mais c'est l'éloquence de la passion, non un vain étalage et si, trop souvent, on n'y trouve qu'une splendide déclamation, la grandiloquence est toujours en rapport avec l'élévation de la pensée. On ne condamne pas les *Sermons* de Bossuet ou les pamphlets de Milton parce qu'ils sont trop éloquents. Je suis disposé à croire que la prose anglaise n'a pas de passage plus impressionnant que la fameuse péroraison de la « Lampe du Sacrifice », et, chose assez étrange, il est précisément écrit à propos du « Luxe dans l'ornementation ».

« Il n'y a pas surchage d'ornements s'ils sont bons, il y en a toujours trop s'ils sont mauvais... Cette hautaine simplicité de style ne peut plaire que par contraste et devient fatigante si elle est universelle; c'est le repos, c'est aussi la monotonie de l'art; c'est à une inspiration bien plus heureuse et plus élevée dans son exaltation que nous devons ces belles façades de mosaïques bigarrées que la fantaisie a peuplées d'images aussi multipliées et aussi fantasques que celles d'un rêve d'une nuit d'été; c'est à elle que nous devons ces portes cintrées avec leur treillis de feuilles, ces labyrinthes de fenêtres avec leurs ornements entrelacés et leur lumière stellaire; ces vaporeuses masses de clochetons multipliés et ces diadèmes de tours; c'est là tout ce qui nous reste peut-être de la foi et de la terreur religieuse des nations. Toutes les autres idées auxquelles les anciens constructeurs sacrifièrent — leurs intérêts vitaux, leurs buts, leurs succès — n'ont pas

laissé de traces. Nous ne savons pas pourquoi ils travaillèrent ni s'ils furent récompensés. Victoires, richesses, autorité, bonheur — tout a disparu, quoique acheté sûrement par les plus amers sacrifices ; mais d'eux, de leurs existences, de leurs labeurs sur la terre, nous avons comme une compensation, une évidence dans ces masses grises de pierres sculptées. Honneurs, puissance, erreurs les ont suivis au tombeau ; ils ne nous ont laissé que leur adoration. »

Un homme doué de sentiment et, gardant dans l'âme un écho de ces mélancoliques paroles, ne pourra rester en présence d'une cathédrale du Moyen Age sans ressentir tout ce qu'elle reçoit ainsi de haute signification et de sublime pathétique.

Et quel enseignement dans le passage fameux sur le « clair-obscur en architecture » !

« *Je ne crois pas qu'aucun monument ait jamais eu quelque vraie grandeur sans masses puissantes, vigoureuses, profondes de portions d'ombre sur sa surface. Une des premières habitudes que doit prendre un jeune architecte est celle de penser aux ombres, de ne pas considérer seulement son dessin sous le rapport misérable, incomplet de la ligne, simple squelette, mais de le concevoir tel que le feront les premiers rayons du jour ou les dernières lueurs du crépuscule ; lorsque ses saillies seront brûlantes et ses parties creuses pleines de fraîcheur, alors que les lézards se chaufferont sur les unes, et que les oiseaux bâtiront dans les autres. Que son dessin prévoie même les changements de température ; qu'il creuse ses parties ombrées comme on creuse des puits dans les plaines sans eau, qu'il amène ses jets de lumière comme le fondeur ses coulées de métal en fusion ; qu'il commande aux uns et aux autres et qu'il sache comment tombera sa lumière et où elle s'évanouira. Son papier quadrillé et proportionné n'a point de valeur par lui-même ; tout ce qu'il a à faire, il doit le faire par des surfaces d'ombre et de lumière ; c'est à lui de s'assurer que celles-ci ont assez d'importance pour n'être pas ensevelies par le crépuscule et les autres assez de profondeur pour ne pas disparaître, absorbées comme de minces flaques d'eau, sous les rayons de midi. »*

On n'oubliera pas non plus son hymne au campanile de Giotto, aux portiques de Rouen et de Lucques et aux mosaïques de Saint-Marc ; ni sa noble protestation contre « les restaurations », ni ce conseil de perfection qu'il nous donne d'élever pour nous-mêmes des habitations durables tout en respectant « la sainteté de la demeure d'un homme de bien qui ne peut être remise à neuf ».

M. Jacques Bardoux, dans son excellent livre sur Ruskin, insiste sur ce fait que ses principaux ouvrages sur l'art sont ceux qui traitent de l'Architecture et que les *Sept Lampes* et les *Pierres de Venise* sont les plus importants. Cela est vrai si on les considère au point de vue de son enseignement esthétique. Il semble bien que, en dépit de toutes leurs hérésies et de leur caractère irréalisable, les *Sept Lampes* ont eu plus de retentissement et d'effet pratique sur notre vie moderne que n'importe quel autre de ses livres. On ne doit pas oublier à quel point il est animé de ferveur morale et sociale, comment il veut que l'art ne trouve son droit à l'existence que dans la loi morale, et avec quel sentiment profond il excite chez l'artiste les considérations de devoir et d'humanité. L'évangile des *Sept Lampes* n'est point, en somme, prêché pour propager les vertus des entrelacs gothiques ou des arcades vénitiennes ; son but est, avant tout, la moralisation et la socialisation de tout art et spécialement de l'art de construire, celui de tous, en vérité, qui affecte le plus sérieusement et le plus constamment, la vie de l'homme sous le rapport domestique, social, politique et religieux.

Ce furent les études et les méditations qui ont pris corps dans les *Sept Lampes* qui amenèrent, pour la première fois, John Ruskin à passer des dessins à l'homme, des tableaux à l'histoire et aux institutions sociales; qui à la fin transformèrent l'amateur d'art en un philosophe moraliste et le firent s'élever au milieu d'un monde méprisant pour prêcher un nouvel Evangile du Travail et une régénération de l'Organisme Social.

CHAPITRE VI

LES PIERRES DE VENISE

Ruskin vit Venise pour la première fois en 1835, il avait alors 16 ans et venait de quitter le collège à la suite de son attaque de pleurésie. En mai 1841, à 22 ans, étant encore étudiant à Oxford, il y passa dix jours. Il reprit goût à la vie lorsque ce monde enchanté de Venise s'ouvrit devant lui après le triste hiver passé à Rome. Il nous a dit les joies de ses premiers voyages à la cité des mers, avant les chemins de fer, trouvant tout ravissant dans cette arrivée à Venise, « la Brenta limoneuse, les villas assez vulgaires, les chaussées poussiéreuses et les plages de sable ; et les noires gondoles assemblées dans le canal de Mestre, plus belles que le plus beau lever de soleil dans sa gloire rouge et or ». Comment dire, comment exprimer un tel ravissement, il ne le sait. Sa Venise, dit-il, comme celle de Turner, avait été surtout créée pour lui par Byron ; mais à côté de cela il y avait pour Ruskin « comme une joie d'enfant » à observer les bateaux, les gondoles et les palais de marbre surgissant de l'eau salée avec l'armée des petits crabes bruns sur leurs murs et des Titien dans leur intérieur ». Dans son journal du 6 mai 1841, il écrivait : « Grâce à Dieu je suis ici, dans ce Paradis des cités... Venise et Chamonix : voici pour moi les limites de la terre. »

Ce fut en 1845, à l'âge de 26 ans, qu'il s'éleva pour la première fois à la pleine compréhension de l'art vénitien, avec Harding, le peintre, pour compagnon. Ce fut dans la mémorable visite à l'école de San-Rocco qu'il fut frappé de la puissance d'imagination de Tintoret et « amené à étudier l'histoire de Venise elle-même ». Il y avait pris déjà plusieurs croquis en 1841 et 1845 et, dès la publication des *Sept Lampes*, il résolut d'écrire les *Pierres de Venise*, avant même d'avoir terminé les *Peintres Modernes*. Le nouveau livre ne devait pas plus être un livre sur l'architecture que les *Modern Painters* ne sont un livre sur la peinture. Il devait être un développement concret des *Sept Lampes* — l'étude des actions et réactions intimes des croyances, de l'idéal, des manières sur l'aspect extérieur que présentent les nations, leurs arts, leurs demeures, leurs édifices publics et privés. Cela devait être

« un sermon sur les pierres » adressé à la nation anglaise dont l'histoire a tant d'analogie avec celle de l'oligarchie vénitienne — qu'un courant semblable d'orgueil, de luxe et d'infidélité pourrait conduire à la même décadence finale.

Dans sa seconde conférence de la *Couronne d'Olivier Sauvage* il expose ainsi le but qu'il poursuivit dans ses deux principaux ouvrages relatifs à l'architecture :

« *Le livre que j'ai appelé les* Sept Lampes *était destiné à montrer que certaines formes élevées de caractères et de sentiments moraux sont les puissances magiques par lesquelles seules toute bonne architecture peut être produite. Les* Pierres de Venise, *de la première à la dernière ligne, n'ont pas d'autre but que de montrer que l'architecture gothique à Venise a été le produit et l'expression d'un pur état de foi patriotique et de vertus familiales, tandis que toutes les œuvres de la Renaissance portent partout la marque d'une secrète infidélité à la nation et d'une profonde corruption domestique... Dans tous mes ouvrages antérieurs, je me suis efforcé de montrer que toute bonne architecture est essentiellement religieuse, qu'elle est le produit, non d'un peuple corrompu et sans foi, mais d'un peuple vertueux et fidèle ; mais j'ai voulu montrer aussi qu'une bonne architecture n'est jamais ecclésiastique... qu'elle est toujours l'œuvre d'une communauté, non d'un clergé... qu'elle est le langage viril d'un peuple, animé d'une même résolution, inspiré par un but commun, fermement et unanimement fidèle aux lois évidentes d'un Dieu incontesté.* »

« Les *Pierres de Venise* », écrit-il dans le dernier volume de *Fors* (1877), « enseignent les lois de l'art de construire et montrent comment la beauté de tout travail humain, de tout édifice, dépend du degré de bonheur de la vie de l'ouvrier ». C'est là, en réalité, la note prédominante de la philosophie de l'art dans Ruskin et le lien qui unit sa philosophie de l'art à son évangile social définitif ; elle renferme une grande et toute puissante vérité si, par « religion », nous entendons une active vénération pour un idéal suprême dominant toute la vie. Ce n'est point là une idée neuve, car, ainsi que je je le rappelais à Ruskin en 1876, Auguste Comte avait depuis longtemps représenté les cathédrales du Moyen-Age comme l'expression la plus parfaite des idées, des sentiments et de la nature morale de l'homme. Mais, étendre cette loi à toutes les formes de l'art et lui attribuer un caractère absolu, comme le faisait Ruskin, conduit à des paradoxes impossibles et à de dangereuses absurdités. Comme je l'ai fait remarquer à propos de *Fors Clavigera*, les tableaux du Pérugin, du Titien, du

Tintoret furent exécutés au milieu d'une société des plus corrompues et au sein d'une sensualité effrénée; toute une part de la sculpture grecque a été réellement inspirée par un type de vice détestable; le plus beau temps de la musique coïncide avec une époque d'étrange affectation et de décadence. Il semble que Ruskin ne fut jamais arrêté par le fait que tant d'œuvres d'imagination pour lesquelles il avait une sorte d'adoration étaient exactement contemporaines d'autres qu'il regarde comme des émanations de l'enfer; que bien des œuvres d'art les plus pures furent produites à une époque de crimes horribles; que quelques-unes des nations les plus croyantes et les plus morales exprimèrent leurs aspirations artistiques sous la forme de la banalité la plus vulgaire.

L'architecture est, de tous les arts, le plus social et le plus national; plus qu'aucun autre, il reçoit l'empreinte du ton moral dominant et de l'idéal national régnant; et cela pour la raison très simple que toutes les constructions importantes sont élevées par le peuple et pour le peuple et non par des artistes déterminés pour la jouissance d'un unique possesseur. Mais, en architecture même, ces généralisations finissent par devenir de vraies duperies. Parmi les plus nobles édifices élevés par la main de l'homme, parmi ceux qui ont exercé la plus grande influence sur les siècles à venir, nous devons compter le Parthénon, le Panthéon de Rome, l'Eglise de Sainte-Sophie à Constantinople et Saint-Paul à Londres ; or, le Parthénon était à peu près contemporain des comédies d'Aristophane et des sophistes athéniens, — non pas d'Eschyle et de Marathon. Le Panthéon, qu'on sait maintenant être de l'époque d'Adrien, était contemporain des satires de Juvénal et des épigrammes de Martial ; Sainte-Sophie fut bâtie par le mari de l'impératrice Théodora et Saint-Paul sous les règnes de Charles II et de Jacques II. Est-ce que tous ces sublimes chefs-d'œuvre de l'art de construire furent « élevés par des peuples croyants et vertueux » ? N'est-il pas curieux, au contraire, de les voir coïncider avec les plus mordantes satires contre la corruption individuelle et générale qui aient survécu dans les littératures grecque, latine, byzantine et anglaise ?

L'auteur nous parle des « lectures historiques suivies par lesquelles il se prépara à écrire les *Pierres de Venise* » ; il nous dit comment son étude de l'histoire l'empêcha d'adopter la doctrine catholique, malgré la vénération que lui inspira l'art catholique des grands siècles ; comment, à la même époque, il fit la découverte inévitable de la fausseté des idées religieuses dans lesquelles il avait été élevé — ce qu'il appelle « la ruine de sa foi puritaine ». Dans *Prœterita*, il nous assure que les dix années de 1850 à 1860 furent, « en grande partie, gaspillées en travail inutile » et il relate ses souvenirs dans son journal à sa manière ordinaire :

« *1851. Mort de Turner ; c'est le temps de mon principal travail à Venise à propos des* Pierres de Venise. »

« *1852. Fin de mon travail à Venise. Le livre terminé cet hiver. Six cents pages in-quarto de notes, soigneusement écrites, maintenant sans utilité. Presque autant de croquis et de dessins, inutiles eux aussi.* »

Mais ici, comme dans tout le reste de son autobiographie, nous ne devons pas oublier qu'elle fut écrite près de quarante ans après les événements ; que ses dernières années furent souvent des années de tristesse, de dénigrement de lui-même et de rétractation, enfin que nous ne devons pas prendre trop au pied de la lettre ce qu'il écrivit de mémoire sur lui-même après sa longue maladie de 1878. Les *Pierres de Venise* furent, en somme, de tous ses ouvrages le plus rapidement exécuté et le plus complet. Il arriva à Venise en novembre 1849 et s'y installa avec sa femme ; il s'absorba dans l'étude la plus minutieuse du Palais Ducal, de Saint-Marc et des autres édifices, prit des croquis exacts, des mesures et des notes copieuses, s'efforçant par des recherches originales de déterminer les dates, les sources et l'origine de chaque fragment — chapitaux, balustres, colonnades, — littéralement les *pierres* et non pas les monuments de Venise.

Il y passa, en travaillant ainsi, les quatre mois d'hiver et revint au printemps de 1850 pour écrire le premier volume et préparer les illustrations. Pour ces dernières, il recourut aux meilleurs graveurs de l'école anglaise avant la décadence produite par la reproduction photographique. Ces morceaux exquis sont encore fort recherchés et ajoutent beaucoup à la valeur bibliographique de la première édition. Ruskin présida lui-même aux gravures d'après ses propres dessins, les portant au plus haut point de perfection et y ajoutant à l'occasion de nouvelles touches et des ombres délicates. En réalité, il fonda une véritable école de graveurs qui, en dépit de son excès de raffinement, sera toujours l'honneur de l'art anglais. Son rôle personnel comme auteur des dessins originaux et maître incontesté de l'école qui les reproduisit, le consacre comme le véritable créateur de ces gravures exquises sous leur forme définitive.

Pendant qu'il travaillait ainsi, surtout à Londres — où il résidait alors dans Park Street fréquentant même la cour et la société — Ruskin publia le premier volume des *Pierres de Venise* au commencement de 1851. En dépit de l'indignation des architectes et d'assez nombreux critiques, le livre fut reçu avec faveur et accrut incontestablement sa réputation. Il était naturel qu'il soulevât un nuage de controverses qui s'en prirent aux hérésies sociales et industrielles du nouveau prophète autant qu'à ses dogmes artistiques. C'était l'année de la première Grande Exposition Internationale, où la Reine Victoria et le Prince Albert convièrent le monde de l'art, de l'invention et du travail à réunir et comparer leurs produits dans le grand palais de glace que sir Joseph Paxton avait élevé dans Hyde Park. On était au moment décisif où l'on commençait à se demander si l'idéal esthétique de la première époque victorienne resterait comme la règle du goût général, si le palais du Parlement et le *Royal Exchange* étaient le dernier mot de l'art de construire et si Maclise et Etty l'emportaient réellement en peinture sur tous leurs rivaux.

Thomas Carlyle, alors une force dans le monde nouveau qui s'ouvrait, salua le livre avec joie :

« *Voici un excellent* Sermon *sur les Pierres, étrange, inattendu et, je crois, plein de vérité; voici un excellent morceau sur la science architectonique dont j'espère apprendre beaucoup et de bien des fa-*

çons. L'esprit et le but de vos essais critiques sont pour moi un signe particulier des temps et me réjouissent fort. Bonne chance et puissiez-vous toucher bientôt le rivage en vainqueur ! C'est comme une nouvelle « Renaissance » à laquelle nous assistons maintenant ; nous voici sur le chemin d'une humanité nouvelle plus large, haute comme les étoiles éternelles, à moins que ce ne soit la mort définitive, le masque de l'Enfer à tout jamais ! ».

Assez, Sartor ! — Nous voyons ainsi que John Ruskin n'était pas le seul écrivain, au milieu du dernier siècle, qui fît usage d'un langage violent et se complut en sauvages vaticinations. Charlotte Brontë écrivait de son côté : « Les *Pierres de Venise* sont noblement agencées et finement ciselées. Quelle superbe carrière de marbres elles découvrent ! M. Ruskin me paraît un de ces rares écrivains de race qui se distinguent de nos autres faiseurs de livres ». Pensée juste et claire, bien digne de cette *Jane Eyre* qui savait si bien reconnaître, sous l'enveloppe extérieure, l'âme cachée.

En 1852, Ruskin fit un autre long séjour à Venise et, comme il l'écrivait alors au poète Rogers, les premiers enchantements commençaient à se dissiper ; il désirait même que la cité devînt une ruine plutôt qu'une ville moderne à la française. Il continua cependant son livre, après avoir quitté

Park Street pour Herne Hill ; l'ouvrage fut alors terminé et, au commencement de 1853, le second et le troisième volumes furent publiés par Smith et Elder.

Les *Pierres de Venise* devaient être, comme nous l'avons vu, un développement concret des *Sept Lampes* ; elles devaient fournir la preuve historique et matérielle de l'intime réaction qu'exerce un noble type de vie publique et privée sur le caractère des monuments élevés par une nation qu'il inspirait. Il y a moins de fantaisie que dans les *Sept Lampes*, moins de digressions, moins de combativité et de rhétorique, mais on y trouve la même fermeté d'intention. Le livre est, en même temps, le plus logique, le plus organique de tous les grands ouvrages de Ruskin ; son but principal étant d'appeler l'attention sur le mérite unique des constructions vénitiennes et de protester contre la mode des imitations de Palladio, on peut dire qu'il a pleinement réussi. Toutes ses prédications sur l'esclavage de l'ouvrier moderne réduit à un rôle machinal et sur les dangers esthétiques, moraux, sociaux du travail mécanique, sur l'horreur que doivent inspirer les imitations conventionnelles des boiseries ou des marbres et sur la monotonie des ornements perpendiculaires et des triglyphes surbaissés, toutes ces idées ont pénétré profondément les esprits de notre génération.

Un des effets les plus remarquables de ses études a été l'intérêt qu'elles ont éveillé pour l'Architecture byzantine, si proche parente de la vénitienne, et que, de nos jours, on tend bien plus à étudier et à adapter que les véritables modèles vénitiens. Il n'apparaît pas que Ruskin ait saisi la relation existante entre les arts et les monuments qu'il voyait à Venise et leurs véritables sources : l'école byzantine ou le génie grec. Le demi-siècle écoulé depuis l'époque où il écrivit a projeté un flot de lumière sur l'histoire de l'Art byzantin et l'influence rayonnante qu'il a exercée sur toutes les formes de l'art en Occident. C'est cependant une preuve remarquable de la perspicacité et du génie de Ruskin que, longtemps avant les études spéciales poursuivies dans l'Italie méridionale et sur les bords de la Méditerranée qui nous ont apporté tant de renseignements nouveaux, il semble n'avoir rien avancé que ces études récentes soient venues réfuter et il paraît même avoir sur certains points implicitement pressenti la vérité.

Le bel enthousiasme avec lequel en maint passage des *Pierres de Venise*, Ruskin plaide la cause de la libération de l'ouvrier de la dégradante monotonie et de la répétition mécaniques, a produit des effets indirects et très étendus et là même où l'on ne s'occupe pas le moins du monde des styles en Architecture. Ce livre est comme une introduction à sa seconde carrière, celle de réformateur social, qui commença quelque huit ou dix ans plus tard ; il autorise à dire que l'idée dominante qui inspira l'œuvre entière de Ruskin, depuis les *Peintres Modernes* jusqu'à la dernière lettre de *Fors*, fut la suivante : tout art élevé est le produit d'un siècle croyant et vertueux ; la religion, la justice et le bon ordre sont les racines d'un arbre puissant dont les beaux arts ne sont que les fleurs.

Malheureusement, en s'efforçant de prouver que tout grand art est essentiellement religieux, John Ruskin acquit pour lui-même la certitude que la religion puritaine dans laquelle il avait été élevé et dont il accepta les croyances jusqu'à sa maturité ne pouvait supporter l'épreuve ; et quand il voulut la modifier et la refondre, il s'aperçut que lui-même était déjà submergé. Ecrivant de Venise en 1877 (*Fors*, LXXVI) il va jusqu'à dire : « que les idées religieuses enseignées dans ses livres et, en raison même de leur sincérité, sont susceptibles d'égarer, qu'elles peuvent même nuire et qu'elles sont en quelque sorte ridicules ». Mais cela, comme à l'ordinaire, est trop violent et fut, sans doute, écrit dans un moment de surexcitation. Cependant ces lignes ont été reproduites dans l'édition autorisée de 1896. Il est vrai que Ruskin, dans le déclin de ses forces mentales, sortit de l'ombre théologique au milieu de laquelle il allait tâtonnant depuis des années, pour s'adonner à une forme plutôt vague de croyance orthodoxe. Il n'en est pas moins significatif que l'auteur d'un ouvrage considérable, écrit pour démontrer que « tout grand art est uniquement produit par la fidélité aux lois évidentes d'un Dieu indiscuté », en vienne à déclarer, au terme de sa carrière, qu'il repose sur un enseignement religieux considéré maintenant par lui-même comme trompeur, empoisonné et ridicule.

Nous touchons ainsi à la source des erreurs radicales de tout l'enseignement de Ruskin. Il avait entrepris de fonder tout un système des facultés de l'imagination sur un credo religieux dont il avait sucé les principes dès sa tendre enfance, qu'il avait adopté avec une naïve ferveur, sans en avoir au préalable étudié à fond la philosophie, l'histoire et les résultats sociaux. Quand il y fut amené par les homélies prophétiques de Thomas Carlyle, par ce qu'il observa de la société et de l'art dans les pays catholiques et ce qu'il apprit des âges où régna le catholicisme, sa vive imagination et sa nature faite de sympathie s'enflammèrent et, comme le Sartor lui-même, il en vint à déchirer les « haillons de Houndsditch » ainsi que Carlyle appelait l'orthodoxie toute biblique de sa jeunesse. Et c'est ainsi qu'en histoire comme en théologie, en économie politique comme en art, Ruskin ne fit que construire *à priori*, des systèmes et des théories qu'il tirait de son propre fond, sans aucune connaissance sérieuse ou coordonnée de la théologie, de l'histoire, de l'économie politique et de l'art lui-même.

Mais, tout compte fait, nous ne devons pas oublier que John Ruskin fut un homme d'un rare génie, qu'un de ses admirateurs français l'a appelé « une imagination palpitante » et qu'il fut en même temps doué de la plus délicate sensibilité, de la sympathie la plus ardente et d'une extrême acuité de vision. Il y avait en lui quelque chose de cette lance d'Ithuriel qui avait le don de découvrir les fraudes, quelque chose de ces esprits supérieurs, quoique si différents dans leur essence, comme Platon, saint Jean, et les mystiques, ou encore comme Burke ou Shelley, qui, en dépit de toutes leurs fantaisies, de leurs paradoxes, de leurs illusions ont donné à l'homme tant d'aperçus surprenants, tant d'heureuses divinations, surtout tant de nobles espoirs et tant de suprêmes consolations.

Tout ce que le génie et l'intuition pouvaient fournir en l'absence d'une instruction systématique et d'un patient raisonnement, Ruskin l'a donné. En se plaçant au point de vue de l'histoire scientifique, il faudrait de longues années — et non pas seulement quelques mois bien remplis — pour posséder à fond l'histoire de Venise, à plus forte raison pour celle de l'Italie pendant toute la durée du Moyen Age. Un archéologue consciencieux dépenserait plus d'années que Ruskin n'a consacré de mois pour mettre au jour toutes les choses antiques recouvertes maintenant de terre et de plantes marines à Saint-Marc ou dans les palais du Grand Canal. Un homme dont tout le bagage théologique consistait dans la Bible et les volumes de sermons admis dans un milieu strictement calviniste, n'était point équipé pour en remontrer à Auguste Comte, à Mill, Buckle et Herbert Spencer sur l'évolution de la civilisation ou l'histoire de la religion. Il n'était même guère convenable de se moquer des économistes depuis Adam Smith jusqu'à Henry Sidgwick avec une connaissance de leurs ouvrages égale à celle d'un vicaire se piquant d'esthétique en passe de devenir diacre. Ruskin ne parvint jamais à le comprendre ; l'éducation qu'il avait reçue dans une sorte de *nursery* puritaine, l'épaisse carapace d'égoïsme sous laquelle, pendant sa jeunesse, il avait été claquemuré, rendait la chose impossible. C'est ainsi que John Ruskin se lançait à l'assaut contre tout le monde — artistes, critiques, historiens, philosophes, théologiens et économistes, avec la même ferveur religieuse que les premiers martyrs chrétiens au temps de l'Empire romain et aussi — avec le même résultat. C'est ainsi que, toute sa vie, il fut l'objet de mépris et même de persécution. Il y eut cependant dans ses prédications quelque chose qui a survécu et que ni les philosophes, ni les théologiens, ni les économistes ne pouvaient, nous donner, même en se réunissant.

Bien que les *Pierres de Venise* soient moins pleines de fantaisies, de digressions et de rhétorique, qu'elles soient aussi moins aggressives que les *Peintres Modernes* et les *Sept Lampes*, ce n'est qu'une question de degré et de comparaison. Elles aussi contiennent beaucoup de fantaisies, de digressions, de rhétorique et de polémique, mais elles peuvent être considérées comme l'œuvre la plus organique, la plus coordonnée d'un auteur qui faisait fi de toute organisation et de toute coordination systématique. Le livre renferme naturellement des descriptions de scènes et de paysages aussi vraies et aussi belles que n'importe quel écrit de Ruskin. On ne peut oublier cet exorde du premier chapitre du second volume qui décrit l'approche de Venise, — morceau surchargé de couleur et de mots, mais si vrai et si impressionnant ! — La brise salée à l'entrée des lagunes, les lamentations des blancs oiseaux de mer, la masse noire des plantes marines et le soleil couchant derrière la tour de la vieille église dans l'île solitaire de « Saint-Georges des Algues » ; les collines d'Arqua groupées comme des pyramides de pourpre, et, bordant l'horizon au nord, la chaîne des Alpes, mur bleuâtre et déchiqueté, montrant çà et là, par de larges fissures, tout un chaos d'abîmes et de précipices sauvages ; puis c'est le Rialto, plein d'ombre, lançant du palais des Camerlingues sa courbe pesante, colossale et pourtant si délicate, si diamantée, solide comme une caverne de rocs, gracieuse comme un arc légèrement tendu ; mais le bateau avance bercé sur le flot d'argent ; tout à coup voici le palais Ducal tout brillant du rougeoiment de ses veines sanguines avec, en face, l'église d'un blanc de neige de *Santa Maria della Salute.* Oui, il est vrai, nous savons trop bien tout cela, oui, il y a là les « oripeaux » d'une rhétorique redondante », mais celui qui écrivait ainsi sentait ainsi. Et nous aussi Venise nous émeut, et nous ne pouvons pas l'oublier.

J'ai coutume de rappeler la comparaison entre Saint-Marc et une paisible cathédrale anglaise, au chapitre IV du second volume, comme une des descriptions les mieux senties, les plus subtilement délicieuses de toute notre littérature. Quelles touches exquises pour parler de ce « mélange d'étroit formalisme et de sereine sublimité » qui vit à l'ombre de la Cathédrale ! de ces joies faites de réclusion, de continuité, de douce somnolence ; de l'influence de ces sombres tours sur les générations qui ont traversé la place solitaire ou qui les ont vues dominant au loin la plaine boisée ! Et de là, voici que nous passons aux allées peuplées et sonores qui entourent Saint-Marc, avec leur coloration, leurs lampes, leurs vierges et la confusion des balcons, des pergolas et des auvents, jusqu'à ce que la vision même de l'église se dresse devant nous, avec la multitude de ses piliers et de ses dômes ; monceau de richesses, partie or, partie perles et opales, ses cinq porches voûtés, plafonnés de mosaïques, revêtus de sculptures d'albâtre, clairs comme de l'ambre, délicats comme de l'ivoire. Vraiment, cela est surchargé comme une scène de banquet de Rubens. Mais comme cela est vu et comme cela est senti !

Et, plus loin, la tombe du Doge Andrea Dandolo dans le baptistère de Saint-Marc (vol. II), celle de Can Grande à Vérone (vol. III) ! Nous a-t-on jamais présenté un monument solennel avec plus de pathétique et sous une couleur aussi vraie ! Des milliers de touristes qui vont maintenant chaque année les visiter, sur la foi de ce qu'en a dit Ruskin, auraient autrefois passé devant eux en se contentant d'un coup d'œil négligent et d'une phrase de guide. Et, comme toujours, quoiqu'il ait la prétention de s'attacher surtout aux *Pierres de Venise*, il y mêle ses considérations sur la peinture, sur Fra Angelico le Florentin, sur Rubens le Flamand qu'il exalte jusqu'aux étoiles, sur Murillo l'Espagnol, et Salvator Rosa l'Italien du sud, dont il ne parle que pour les dénoncer comme des hommes qui ont cherché le plaisir dans l'horrible et le dégoûtant ; tout cela pour expliquer les *Pierres de Venise !* Mais telle est la manière de notre écrivain : et malgré toutes ses circonvolutions, ses excentricités et ses illusions elle est pleine de fascinations et profondément suggestive.

Le livre contient en outre des considérations très élevées d'édification morale et sociale : la vie même et le mode de travail de l'ouvrier constituent après tout l'essence de l'Art ; on ne peut avoir que mépris pour ces artifices piteux par lesquels on imite sur le plâtre ou le sapin, le grain du bois et les veines du marbre ; l'*Éducation* ne consiste pas à se gorger de faits et d'informations ; la distinction de l'ornement vrai du faux, la variété dans l'ornementation, la dignité de la couleur pure, tout cela et mille autres choses qui nous sont suggérées font bien de ce livre ce que Carlyle disait : *Un sermon sur les pierres.*

Dans le sixième chapitre du second volume se trouve un passage sur l'esclavage mental de l'ouvrier moderne qu'on pourrait prendre pour le credo, sinon pour le point de départ des idées de la nouvelle école industrielle. Cela est aussi puissamment exprimé que noblement pensé :

Des hommes ont pu être frappés, enchaînés, torturés, placés sous le joug comme des animaux, tués par milliers comme mouches en été, et cependant, en un sens, le meilleur même, rester libres. Mais étouffer l'âme au dedans d'eux, laisser se flétrir ou mutiler les branches nourricières de l'intelligence humaine et les laisser pourrir comme de vieux arbres étêtés, enfermer dans des sangles de cuir pour atteler au joug des machines cette chair et cette peau qui, après le travail du ver dans le cercueil, sont destinées à voir Dieu face à face, c'est là œuvre de maîtres d'esclaves ; et il y aurait plus de vraie liberté en Angleterre, quand bien même un simple mot du lord féodal pourrait sacrifier des vies humaines ; quand bien même les laboureurs torturés arroseraient de leur sang les sillons de ses champs, qu'il n'y en a lorsque ses multitudes animées servent pour ainsi dire de combustible à ses noires fabriques et que leurs forces sont chaque jour dépensées à produire plus de finesse dans les tissus, ou torturées pour créer des lignes plus exactes.

Cela nous mène loin des Palais de Venise mais nous conduit au seuil même de la Démocratie Sociale d'aujourd'hui.

CHAPITRE VII

LES RELATIONS SOCIALES DE RUSKIN — RUSKIN CRITIQUE ET CONFÉRENCIER

La période de la vie de Ruskin qui s'écoula entre la publication du premier volume des *Pierres de Venise* et les articles réunis sous le titre de *Unto this Last* (1851-1860) fut une époque de grande activité, de publications nombreuses et d'incidents variés dans sa carrière. Son père s'occupa de réunir ses *Poèmes* et ce livre, comme je l'ai déjà observé, sans avoir jamais conquis l'estime de la haute critique, n'a plus maintenant qu'un succès de librairie. En 1851, il autorisa même la publication du *Roi de la Rivière d'Or*, que, dix ans auparavant, il avait écrit pour amuser Euphémia Gray enfant. Le volume fut illustré par Doyle et obtint un grand succès. Ruskin habitait alors à Londres et était assez répandu dans la société

— il fréquentait Samuel Rogers, Lord et Lady Mount Temple, Lord Houghton, Thomas Carlyle, Frederick Denison Maurice, les Marshall de Leeds, Lady Davy et le Dr Whewell, maître de Trinity College à Cambridge. Il ne se trouva sans doute jamais tout à fait à l'aise dans la société de Londres, bien qu'il y rencontrât assez souvent les hommes qui restèrent ses amis les plus fidèles. M. Collingwood a publié une lettre intime adressée par Ruskin à sa mère, elle est pleine d'humour et tout à fait digne de Dickens :

« *Très chère mère, — horrible soirée hier — société nombreuse, — guindée, — impatientante, — étrange — une société où l'on court l'un après l'autre et où personne ne se connaît. — De nombreux officiers de marine. — Une jeune dame veut faire ma connaissance. — Je ne la connais pas plus que la reine Pomaré — nous causons, je me sauve le plus tôt que je peux — demandé qui elle est — Lady *** J'en sais autant après qu'avant. Présenté à un nègre avec un collier de barbe : le nègre est plein de condescendance : Je me moque devant lui de différentes choses, surtout de la chambre des Lords ; mon nègre dit qu'il y demeure et me demande où je demeure moi-même — pas besoin de le lui dire. — Je m'en débarrasse et je demande qui il est ; (***). Je ne suis pas plus avancé. — Présenté à une jeune dame. — Elle me demande*

*si j'aime à dessiner — partie, je demande qui elle est
— Lady (***) ; je m'appuie le dos au mur et je tire
ma montre; enfin, je puis partir. Je suis tout bou-
deur ce matin. — J'espère que mon père va mieux,
tendresses pour vous deux.* »

La lettre à son père à propos d'un lever et d'une
presentation à Buckingham Palace (mai 1850) est
tout aussi vivante :

« *La plus extraordinaire cohue que j'aie vue de
ma vie — le parterre au Surrey Theater peut être
quelque chose comme cela mais rien de plus — le
parquet était recouvert des débris de costumes de
femmes, dentelles déchirées, fleurs tombées... La
reine donnait sa main très gracieusement, mais d'un
air bien ennuyé, la malheureuse! c'était bien par-
donnable avec un quart de mille carré de gens à
saluer.* »

Il changea alors de résidence et fit paraître un
pamphlet sur l'organisation de l'Eglise intitulé :
Notes sur la construction des bergeries ; ce n'était
point un manuel pratique d'élevage comme le crurent quelques fermiers du Nord qui se plaignirent
d'avoir été trompés par le titre ; c'était un appel
aux fidèles de la Haute Eglise et aux presbytériens
stricts d'avoir à chercher un *modus vivendi* dans

un nouvel *Eirenikon* « un seul troupeau et un seul berger » — les anglicans y étaient engagés à renoncer à leurs prétentions sacerdotales et les presbytériens à leurs disputes sur le titre du « Pasteur de l'Eglise Chrétienne ». La brochure, malgré ses sages avis, ne put réaliser l'union des différentes sectes protestantes et le héraut pacifique et bienveillant fut étonné de constater combien les polémiques théologiques et ecclésiastiques pénétraient dans les cœurs plus profondément qu'il n'avait pu le rêver dans la solitude philosophique de Herne-Hill. Il ne tarda pas d'ailleurs beaucoup à élargir sa propre conception religieuse et à reconnaître que l'*Eirenikon* final ne se trouve que dans la fraternité humaine.

En 1851, Ruskin prit la défense du nouveau mouvement en peinture — qu'on a appelé le mouvement pré-raphaélite, — et écrivit un pamphlet qu'il intitula le *Pré-Raphaélitisme*. Le point de départ de ce mouvement fut dû à Holman Hunt et à D. G. Rossetti auxquels se joignirent Millais et Burne Jones. Il donna une impulsion nouvelle à la peinture anglaise. L'opuscule de Ruskin soutenait avec véhémence que la nouvelle école offrait, en ce qui concerne la vérité des faits naturels, leur représentation réaliste et la pure couleur, les mêmes tendances qu'on pouvait reconnaître chez Turner et chez les peintres célébrés dans son premier livre, comme aussi chez les Primitifs Italiens. Cette défense éloquente était profondément vraie et les résultats s'en firent sentir quand on vit les hommes de génie se libérer des vieilles formules et développer librement leurs dons propres ; tandis que la secte égarée qui s'imagina que l'art pouvait être régénéré par une sorte de décalogue conventionnel extrait de la littérature ruskinienne — conventionnalisme tout aussi étroit et contre nature que celui des académies, — tomba peu à peu dans l'obscurité, sous l'indifférence du public.

A cette époque, Ruskin perdit quelques-uns de ses amis : Turner mourut au mois de décembre 1851 et fit de Ruskin un de ses exécuteurs testamentaires, charge que celui-ci n'accepta pas. Ce fut ensuite le tour de William Hunt et de Samuel Prout. Charles Newton aurait voulu emmener Ruskin avec lui en Grèce où il faisait alors des recherches ; mais ses parents ne purent accepter que leur John exposât sa personne dans un voyage aussi périlleux et surtout sur un bateau à vapeur d'un nouveau genre. On peut d'ailleurs se demander si Athènes lui eut plu autant que Venise, mais il aurait peut-être produit quelque autre grande œuvre s'il avait vu Constantinople, contemplé les montagnes de la Grèce et la Mer Egée.

En 1853, Ruskin inaugura cette précieuse série de notes pour l'*Arundel Society* où il expliquait les fresques de Giotto dans la Chapelle de l'Arena à Padoue. Ce charmant volume a été réimprimé avec des additions en 1890. Je ne connais, dans toute l'œuvre de Ruskin, rien de plus admirable et de plus utile que cette appréciation sympathique du merveilleux génie et de l'existence romanesque de Giotto, résumée dans ces notes si concises, si vivantes, si exactement historiques sur les compositions du peintre. Un des plus éminents services que Ruskin a rendu à la cause de l'art consiste dans cette appréciation si complète de l'œuvre de Giotto et de l'influence qu'il a exercée sur l'évolution de l'art florentin. Toujours véhément dans ses louanges, Ruskin n'a pourtant rien dit de trop sur Giotto. Giotto est l'un des rares artistes vis-à-vis desquels Ruskin — qui, dans sa longue carrière de quarante années de critique, changea si souvent d'opinions ou d'humeur — ne se soit jamais permis un mot de dénigrement. Il revient sans cesse à lui. *Fors* est plein de Giotto ; il le compare à Dante et, avec raison, car, de tous les peintres connus, aucun, si ce n'est Léonard et Michel-Ange, n'a donné de telles marques de puissance intellectuelle. Giotto est même étranger à cet esprit d'inquiétude morbide qui place en un monde à part ces deux puissantes natures. L'influence qu'il exerça sur sa génération et sur les suivantes fut bien plus grande et bien plus saine que celle de

Léonard et de Michel-Ange. Giotto est, dans l'histoire entière de l'art moderne, l'esprit le plus profond, le plus humain, le plus pur et le mieux équilibré. « *Ora ha Giotto il grido* » — comme au temps de Dante.

Tout cela, c'est Ruskin qui nous l'a enseigné le premier. Son appréciation des compositions de Giotto est basée sur une compréhension sympathique mais non servile des Evangiles apocryphes si répandus au xive siècle et de ces belles et gracieuses légendes de la vie de la Vierge. Ruskin les aborde avec le même esprit que nous pouvons concevoir chez Giotto en face des mêmes mythes ; il est pénétré de leur grâce, de leur tendresse, de leur beauté spirituelle, enthousiasmé de leur importance comme sujets de peinture, il les accepte tels qu'ils nous ont été transmis sans les mettre en doute, sans les critiquer, mais aussi sans superstition, les prenant surtout par leur côté humain et émotionnel, non par leur côté dogmatique et transcendantal. Dans les notes qu'il nous a laissées sur ces compositions, Ruskin apprécie d'une manière délicate et sûre le côté légendaire, dramatique et artistique de chacune de ces fresques. Rien de plus vrai, rien de plus suggestif que les quelques lignes où il nous montre « Joachim chez les bergers », morceau d'un merveilleux pathétique qui rappelle dans sa sévère dignité une pierre tom-

bale athénienne tirée du Céramique ; ou encore
« l'Ange apparaissant à Anne » ou « la Rencontre à
la porte d'or », « Le Retour de la Vierge », « la Salutation », « l'Annonciation », « la Mise au tombeau » et « la Résurrection ». Quand nous relisons
avec soin tout ce que Ruskin a écrit sur Giotto,
ses pensées, sa manière, sa faculté de représenter
les émotions de l'homme, nous en arrivons à considérer Giotto comme l'une des plus grandes forces
de toute l'histoire de l'art.

Dans cette même année 1853, si remplie d'événements dans la vie publique et privée de Ruskin,
s'ouvrit pour lui une nouvelle carrière qui occupa presque complètement toutes les années qui
suivirent. Le reclus de Herne Hill, l'auteur maintenant illustre de trois magnifiques ouvrages, le
critique, le théologien, le pamphlétaire, apparut en
public comme conférencier, avec des diagrammes
et des illustrations préparés par lui-même, devant
le célèbre Institut Philosophique d'Edimbourg qui
donna l'occasion de se produire, à tant d'hommes
connus dans la littérature, la science et les fonctions publiques. Son acceptation alarma, scandalisa même ses parents si timorés, si conventionnels, si provinciaux. Sa mère trouvait « trop
jeune » cet homme marié de trente-quatre ans ; son
père considérait comme « dégradant » le fait de s'exposer aux commentaires des journaux et aux allu-

sions personnelles. La dernière considération était la plus sérieuse et le moment pouvait paraître mal choisi alors qu'il était lui-même engagé dans un procès en divorce, mais il se trouvait que les conférences étaient organisées depuis quelques mois déjà. Elles furent un résumé de ses vues sur la peinture et l'architecture et ont été fréquemment réimprimées sous ce titre. Elles furent attaquées violemment par les critiques conventionnels et on ne peut dire cependant qu'elles contiennent rien qui ne se trouve dans ses autres écrits, ni qu'elles aient ajouté quoi que ce soit à sa réputation en général. Elles n'intéressent que parce que ce fut sa première apparition dans le rôle de conférencier qu'il remplit dans la suite pendant trente ans si souvent et avec tant de succès.

L'année suivante (1854) Ruskin partit encore pour l'étranger en compagnie de ses parents auprès desquels il avait repris, dans la vieille demeure, son existence de célibataire. Il écrivit alors au *Times* deux lettres où il prit avec enthousiasme la défense du tableau d'Holman Hunt, la « Lumière du Monde », œuvre qui touchait une corde spéciale du sentiment chrétien mais qui est plutôt pour un homme de nos jours comme une sorte de *rebus* du Moyen Age. Les voyageurs revirent la Suisse et John, occupé alors à compléter ses *Modern Painters*, désira entreprendre une histoire illustrée de la Suisse, mais, il ne put donner suite à ce projet, comme à beaucoup d'autres, faute de moyens de publication ; il en inséra cependant une partie dans le dernier volume des *Modern Painters.*

En 1854, Frederick Denison Maurice, de concert avec le Dr Furnivall, Thomas Hughes et Charles Kingsley, fonda le « Collège des Ouvriers » qui est encore très florissant à Londres dans Great Ormond Street. Ce fut le début d'un mouvement qui s'est beaucoup étendu plus tard et qui a eu d'heureux résultats. L'idée du « Collège des ouvriers » était non seulement d'offrir aux travailleurs et à tous ceux qui ne pouvaient bénéficier de l'éducation complète, ouverte alors seulement aux riches, tout ce que le meilleur enseignement académique pouvait donner dans des classes du soir, mais encore de combiner cet enseignement avec un réel *esprit de corps* comme celui qui existe dans les écoles et collèges anglais, basé sur la camaraderie des citoyens et sur l'union de toutes les classes sociales. L'idée était née du mouvement chartiste de 1848 et des théories de la nouvelle école des socialistes chrétiens ; c'était la forme éminemment anglaise et britannique que prit le mouvement révolutionnaire et socialiste de l'Europe de 1840 à 1850. Le *Sartor* de Carlyle, l'*Alton Locke* de Kingsley, le *Tom Brown* de

Hughes et les *Sermons* sur l'Eglise Libérale de Maurice en furent l'expression littéraire — c'était là une Démocratie sociale d'un type très-élevé, très-méthodique et très respectable.

Le collège a prospéré et s'est développé sous la direction successive de Maurice, de Hughes, de sir John Lubbock et du professeur Albert Dicey. Il a compté parmi ses maîtres, ses étudiants et ses protecteurs une foule d'hommes qui ont laissé un nom dans la littérature, la politique et l'administration. Il est l'ancêtre de toute une lignée de collèges et de sociétés ayant plus ou moins le même but, — Toynbee Halls, Women's Colleges, Passmore Edwards Halls, « University settlements », Newton Hall et, de nos jours, l'Extension Universitaire. Tous se proposent de fournir le meilleur enseignement de nos universités et de nos écoles à ceux auxquels leur travail ou l'insuffisance de leurs ressources ne permettent pas d'aborder les cours supérieurs et, par la même occasion, d'amener toutes les classes entre lesquelles l'Angleterre est si obstinément divisée à s'associer dans une vie commune et à poursuivre ensemble une culture plus haute que celle que permet la besogne ordinaire de chaque jour.

Ruskin se lança avec enthousiasme dans cette tentative qui cadrait si bien avec ses propres tendances — et qu'il avait même en grande partie suggérée — donnant avec une largesse généreuse son temps, son argent et ses conseils. Avec Rosetti et Hunt, parfois avec Burne-Jones et W. Morris, il consacra ses soirées à enseigner le dessin et bien autre chose avec. Il fonda ainsi une école de dessinateurs, de copistes et de graveurs qui a grandi et a répandu ses méthodes avec un véritable succès. Il s'y lia d'amitié avec des hommes tels que George Allen, son futur éditeur, son homme d'affaires et son agent, et pendant quatre ans, par son enseignement et son enthousiasme, il contribua puissamment au succès du collège. Je fus moi-même, vers la même époque, l'un des conférenciers et j'eus mainte occasion de voir quel souffle inspirateur Ruskin donnait aux maîtres et aux étudiants par son ardeur sympathique.

Ruskin nous a donné dans ses *Prœterita* (III, 13) un récit de ses relations personnelles avec le collège — il nous a dit combien il aima Frederick Maurice, ainsi que l'aimaient tous ceux qui l'approchaient, mais comment il le trouvait cependant « songe-creux et, bien que toujours de noble manière, esprit faux, mais sa conscience pure et son ardente passion faisaient de lui un égoïste ». Il dit ailleurs que Maurice conciliait les difficultés de la Bible en les tournant sens dessus dessous comme on retourne les coussins d'une voiture. C'est là une appréciation exacte de Maurice et de son influence et tous ceux qui ont entendu ses sermons ou ses conférences pensent de même. Son ardeur morale, son très vif sentiment du bien et du mal se combinaient pour animer l'esprit le plus illogique, le plus sujet aux contradictions, le plus propre à troubler, non à guider, une jeunesse inquiète dans sa foi. Comme Ruskin et beaucoup d'entre nous le sentaient, le collège n'eût jamais ni chef, ni système, ni principes arrêtés mais vécut, sous le rapport religieux et politique, avec des idées très respectablement orthodoxes, bienfaisantes, un peu relâchées et d'un socialisme adouci. Il devint plus tard une École d'Arts et Métiers supérieure, très bien conduite, d'une réelle utilité pratique mais il ne fut jamais, en un sens étroit, chrétien, ni en aucun sens, socialiste et il eut toujours un minimum de vrais élèves ouvriers.

En 1857, comme résumé de son enseignement, Ruskin publia ses *Eléments du Dessin*, sorte de manuel qui eut un immense succès dans le public mais que, plus tard, il essaya de supprimer ou de refaire, le trouvant imparfait et fondé sur une erreur sérieuse, à savoir : le conseil de ne pas commencer le dessin par l'esquisse. Ruskin qui, nous nous en souvenons, ne considéra jamais ce qu'il écrivait ou faisait comme tout à fait concluant et définitif — fut loin d'être satisfait de ce petit volume qui ne fut jamais, dans sa pensée, destiné à servir de manuel aux artistes mais devait seulement guider les jeunes gens dans l'art d'étudier la nature et d'observer les faits naturels, et non leur enseigner le dessin. Dans un sujet aussi compliqué et aussi délicat, toutes les critiques naturellement ont pu se produire, comme d'ailleurs à propos de tout livre destiné à servir de guide aux dessinateurs. Mais, au point de vue littéraire, ce livre est un chef-d'œuvre de lucidité, de simplicité, d'expression juste en un sujet où il s'agit d'enseigner un tour de main, chose difficile à expliquer avec clarté. Il en résulte que ce petit livre de trois cents pages, écrit pour apprendre aux commençants à regarder les choses qu'ils veulent reproduire, est une lecture délicieuse pour le lecteur ordinaire, pour celui-là même qui se soucie fort peu de l'art du dessin et qui ne tiendra même jamais un crayon. Voilà la magie du style. Et ceux qui s'imaginent que Ruskin ne saurait écrire qu'avec des images ampoulées et des dissertations de six pieds devraient lire cette série de lettres charmantes à « mon cher lecteur », ils goûteraient ces leçons si gracieuses, si simples, si naïves et ils apprendraient, comme la préface le dit, que « les meilleurs maîtres de dessin sont les bois et les montagnes ».

Un autre délicieux petit volume est celui qui fut

publié en 1856, les *Ports d'Angleterre*. Il contenait cet hymne glorieux en l'honneur de la mer et des marins, un des morceaux les plus ravissants que Ruskin ait écrits et que ne peuvent oublier ceux qui aiment cette chose si anglaise, la mer, et ceux qui vivent sur elle et par elle. Le livre s'ouvre par cet étonnant chant triomphal au bateau que j'ai cité ailleurs comme un chef-d'œuvre de notre littérature. « De toutes les choses vivantes ou inanimées sur cette étrange terre, il n'y en a qu'une seule que, parvenu maintenant au milieu du terme probable de la vie humaine, je regarde avec une surprise toujours nouvelle. » « Il existe une chose devant laquelle je ne passe jamais sans éprouver l'ancien étonnement de mon enfance et cette chose, c'est la proue d'un bateau », etc., etc. Il n'y a pas dans toute la poésie anglaise, pas même dans Shelley ou dans Byron, une ode aussi émouvante sur le charme magique de la mer et le ravissement du marin. Ce volume, devenu une rareté des plus recherchées en librairie, donne de courtes descriptions d'environ douze gravures de Turner, représentant les ports d'Angleterre tels qu'ils étaient sous le règne de George IV, il y a quatre-vingts ans, au temps des navires à voiles, des vaisseaux de soixante-quatorze canons et des jetées en bois. Les navires et les ports de cette époque étaient des sujets plus en rapport avec une imagination d'artiste que ceux d'aujourd'hui. D'une fantaisie sans extravagance, émouvantes sans phrases, originales sans paradoxes, ces notes si fines donnent de Turner, dans l'une de ses meilleures manières, une interprétation aussi complète que celles consacrées à Giotto et aux fresques de Santa Maria dell'Arena. Les vues de « Douvres », de « Sheerness », de « Witby » et de « Scarborough » sont des exemples admirables de l'intuition dont était capable un génie original comme celui de Turner. Une vue comme celle de Sheerness, en 1826, est réellement un document pour l'histoire d'Angleterre, maintenant que les vaisseaux de soixante-quatorze canons sont devenus des forteresses flottantes en acier et qu'un yacht ressemble à une torpille de métal, surmontée de deux ou trois coupoles.

Au cours de ces années, son activité fut très-variée. En 1855 il commença les « Notices sur les peintures de l'année » qui causèrent un certain émoi parmi les peintres et les critiques mais furent un véritable charme et un réel enseignement pour le public. A ce moment, Ruskin était accepté comme arbitre suprême en matière d'art par tous les hommes cultivés et d'esprit ouvert. Carlyle, les Browning, Coventry Patmore étaient ses amis intimes. Il donna alors de fréquentes conférences dans les musées, les écoles et les cercles littéraires et, quoiqu'il y traitât d'une branche de l'art, il en venait toujours à considérer la condition sociale des travailleurs et la vie des artisans. En 1857, à Manchester, il fit sur « l'Économie Politique de l'Art » une conférence qui est maintenant comprise dans le volume intitulé *A Joy for Ever* et qui appartient bien à sa nouvelle carrière de réformateur social. Il entreprit en même temps la tâche formidable de cataloguer, de choisir et d'exposer la masse considérable des dessins et des croquis de Turner légués à la nation. Il y avait là près de 20.000 fragments entassés dans des portefeuilles et des cartons. Ce fut un travail absorbant qui dura six mois et personne au monde n'aurait pu si bien en venir à bout; Ruskin fit un catalogue complet de tous ces dessins et de toutes ces esquisses.

Pendant tout le cours des années 1858 et 1859, il donna constamment des conférences un peu partout, travailla à Oxford et à Cambridge, aidant à organiser l'Extension Universitaire et à embellir le nouveau musée d'Oxford, prêchant à Manchester, à Bradford ou à Cambridge le nouvel Evangile du travail artistique et chaque fois avec l'idée de plus en plus précise et la plus ardente conviction que l'Art, sous toutes ses formes, n'est jamais que la manifestation d'une existence individuelle et sociale saine — que la *vie* du corps politique est pour nous tous le problème dominant.

Et ainsi, travaillant sans cesse, tantôt chez lu
tantôt en voyage, il termina ses *Modern Painter*
dont le cinquième volume parut en 1860.

C'est alors que vers la quarantième année, s(
produisit un grand changement dans la carrièr(
de Ruskin. —

<blockquote>
« <i>Nel mezzo del cammin di nostra vita,
Mi ritrovai in una selva oscura.</i> »
</blockquote>

Pendant plus de vingt ans, il avait lutté pou1
amener le monde à honorer — d'abord Turner e
ses disciples, Rossetti et ses compagnons, Giotto e
les Primitifs, Titien et les derniers Vénitiens, ren-
voyant les peintres à l'étude de la nature, forçan
les architectes à respecter la liberté des artisans
Il avait conquis une des premières places en litté
rature, acquis une renommée sans cesse croissant
comme écrivain, comme critique, comme profes
seur et même comme dessinateur ; mais, par s(
rapports avec les paysans à l'étranger et les arti
sans en Angleterre il avait été amené à méprise
tout cela tant que sévissaient les maux qui résul
tent de notre état social et industriel. Il se retir(
donc, pour méditer dans la solitude — « *che l(
diritta via era smarrita* ».

CHAPITRE VIII

RUSKIN RÉFORMATEUR SOCIAL

L'année 1860, — année de grande crise dans l'histoire de l'Europe et de l'Amérique, — marque exactement le milieu de la vie de Ruskin qui avait alors quarante ans et dont l'existence devait se prolonger d'autant ; ce fut celle où il commença réellement sa carrière de réformateur social par la publication de ses quatre essais du *Cornhill Magazine*, réunis plus tard sous le titre de *Unto this Last*. Quand ils furent publiés en volume en 1862, il fit cette déclaration caractéristique que « ces essais qui ont soulevé tant de réprobation, n'en sont pas moins les plus vrais, les plus justes et les plus utiles de tous ceux que j'ai pu écrire ». Leur esprit véritable, leur but réel était de donner une durable et exacte définition de la *Richesse* et de montrer que son vrai fondement ne se trouve que dans certaines conditions morales ; en un mot, que ce qu'on appelle l'Économie politique ne peut jamais être que le corollaire d'un projet complet de réorganisation de la société humaine, un développement de la Sociologie.

Ce fut précisément au cours de cette même année 1860 que, attiré par le grand intérêt que ces essais m'inspirèrent, je fis, pour première fois, la connaissance personnelle de Ruskin. Je venais de me faire inscrire au Barreau et je trouvais le temps de donner, au *Collège des Ouvriers*, des conférences sur la Révolution Française. J'avais lu avec un vif intérêt les essais du *Cornhill* sur les illusions et les faussetés de la théorie conventionnelle de la richesse et, plein comme je l'étais, d'indignation pour les malheurs qu'elles peuvent engendrer, j'obtins par le Dr Furnivall une lettre d'introduction pour Ruskin qui me reçut de la façon la plus gracieuse un dimanche au dîner du soir à Denmark Hill. Il vivait alors avec son père et sa mère dans cette belle demeure, aux jardins spacieux et enrichie d'une importante collection de Turner, de Coxe, et de Prout. J'étais depuis longtemps un lecteur enthousiaste de ses livres sur l'Art, je revenais d'une longue tournée dans l'Italie du Nord et du Centre que je connaissais déjà depuis plusieurs années ; mais, absorbé comme je l'étais alors par la grande crise industrielle et en relation avec les socialistes chrétiens, je m'étais jeté avec un enthousiasme ardent sur les critiques enflammées de Unto this Last. Je les considérais alors et je les considère encore aujourd'hui comme « l'œuvre la plus utile » que Ruskin ait donnée au monde.

Il m'accueillit avec une courtoisie en quelque sorte radieuse quand je lui exposai que j'avais désiré le voir pour mieux connaître ses idées sur la question du travail et de la richesse. Je me le rappelle comme un homme d'assez frêle apparence mais de grande taille (il avait cinq pieds et dix pouces), les épaules un peu voûtées, une physionomie singulièrement mobile et expressive. Il avait des yeux bleus perçants, pleins de feu et d'esprit, les cheveux bruns, abondants et bouclés, les sourcils très accentués et comme hérissés, les lèvres mobiles en dépit d'une cicatrice datant de l'enfance. Sa physionomie était éminemment *spirituelle*, séduisante et paraissait dégager une sorte de magnétisme. Je me le représente alors tel qu'il fut peint au pastel par Richmond, en 1857, et quelque peu idéalisé comme c'était la coutume de l'artiste. De tous ses portraits, c'est celui qui rappelle le mieux l'étincelle, la nerveuse activité de son âge mûr et qui donne le mieux le sentiment de son génie si sympathique. Quelle différence entre ce portrait de Ruskin à l'âge de 39 ans et la sombre photographie prise en 1895, par Hollyer, quand il en avait 76, la longue barbe blanche couvrant la bouche et les joues et tombant sur la poitrine jusqu'aux bras croisés et aux mains jointes, avec le profil rigide du nez aquilin et toute l'apparence d'un homme plein de tristes souvenirs et d'espérances déçues. Il faut placer la photographie d'Hollyer de 1895 en face du pastel de Richmond, en 1857, pour mesurer l'immense changement que ces quarante années imprimèrent sur cette âme toute de sensibilité.

En 1860, Ruskin était un homme d'apparence délicate mais plein de vivacité, avec un air de *bonhomie* naturelle, de manières courtoises et enjouées, alerte et inépuisable discoureur. Il portait cette fameuse cravate bleue, avec la redingote à l'ancienne mode, et le collet de velours, n'ayant ainsi rien de commun avec le pensionnaire de Christ Church de cette époque ni d'aucune autre. Il parlait avec un léger accent écossais, en roulant les r. Ainsi que je l'écrivais à l'époque de sa mort dans le numéro de février 1900 du journal *Literature* : « Il était l'image même de la courtoisie avec un charme indicible de bonté toute spontanée. Ce n'était point la grâce un peu surannée de M. Gladstone, ni la puissante simplicité de Tourguénieff — tous les deux renommés pour la politesse extrême de leurs manières — c'était plutôt le bouillonnement impossible à réprimer d'une nature brillante, toute débordante d'enthousiasme, chevaleresque et affectueuse : un enfant n'aurait pu, dans son étourderie, dire ce qu'il éprouvait ou désirait avec plus de liberté et moins d'artifice et il était humble, modeste et simple comme une jeune fille. Ses idées, ses admirations, ses craintes, semblaient jaillir de son esprit et s'échapper sans contrôle ; mais (dans l'intimité) c'était toujours ce qu'il aimait non ce qu'il détestait qui éveillait son intérêt ; cela pouvait paraître extraordinaire chez un homme qui, la plume à la main, traitait tout ce qu'il haïssait ou méprisait avec une violence sauvage, qui, même dans les lettres à ses meilleurs amis, usait des mots les plus amers et qu'on accuse habituellement d'une arrogance et d'une suffisance démesurées. Le monde ne peut juger ses écrits que tels qu'il nous les a donnés, mais je ne puis dire qu'une chose, c'est que, dans les rapports personnels, lorsqu'il était bien portant, je ne l'ai jamais vu se permettre un mot désagréable, une phrase discourtoise, un jugement malveillant, ni donner une preuve quelconque d'égoïsme. D'homme à homme, il se montrait le plus modeste, le plus bienveillant, le plus patient des auditeurs, toujours déférent pour le jugement d'autrui et même sur des sujets où il n'était plus un écolier, désireux seulement d'apprendre encore. Il y avait peut-être bien dans tout cela un peu de l'*ironeia* socratique, comme lorsqu'il me demandait de lui indiquer les théories de Platon sur l'organisation sociale et de lui dire dans lequel de ses ouvrages on les trouve.

Il n'était pas seulement, dans les rapports journaliers, le plus courtois et le plus affectueux des amis, mais il avait les manières les plus séduisantes et les plus impressionnantes si je le compare à tous ceux que j'ai connus. Il m'a été donné de converser avec Carlyle et Tennyson, avec Victor Hugo et Mazzini, avec Garibaldi et Gambetta, avec John Bright et Robert Browning, et aucun d'eux ne m'a donné une impression aussi vive d'intense personnalité unie à cette mystérieuse lueur du génie qui semblait jaillir spontanément du cœur et du cerveau. C'est une énigme psychologique qu'un homme qui pouvait écrire avec une passion et un emportement méprisant auxquels Carlyle et Byron n'ont pas atteint, qui, dans ses livres, nous apparaît si souvent comme un *Athanasius contra mundum*, qui commençait presque toutes ses sentences écrites par un « je sais », fut, dans la vie privée, le plus doux, le plus gai et le plus modeste des hommes.

Je serais disposé à croire que cette violence et cette arrogance qui lui furent imputées venaient d'une sorte de fièvre, d'un *œstrus* littéraire qu'il n'essaya pas de dominer. Il s'abandonnait à ses impulsives, comme aucun écrivain, depuis Burke, ne l'avait fait. Un langage passionné était pour Ruskin une sorte d'intoxication littéraire plus qu'une défectuosité morale ; il a chèrement payé son impuissance à se surmonter et, pour paraphraser une épigramme absurde sur la conversation et les écrits d'Olivier Goldsmith, on pourrait dire de Ruskin qu'il parlait comme un ange, mais qu'il écrivait comme s'il avait été un des Grands Prophètes.

Les relations de John Ruskin avec ses parents restent un des plus beaux souvenirs de ma vie. Les dominant de toute la hauteur de son génie, incompris d'eux, qui ne purent jamais sympathiser avec sa seconde manière, celle qui date d'*Unto this Last*, il eut toujours pour eux la déférence la plus affectueuse. Il se soumit sans murmure à la règle étroite de la maison, qui allait jusqu'à recouvrir ses chers Turner d'un voile épais, le jour du Sabbath. Cet homme, alors dans toute la maturité de son âge, auréolé de la gloire de ses principaux ouvrages, qui, depuis des années, était une des principales forces de la littérature du siècle, continuait à montrer une docilité d'enfant vis-à-vis de son père et de sa mère, acceptant leurs plaintes et leurs remontrances, se soumettant gracieusement à leur sagesse selon le monde et à leur expérience plus vieille. John James Ruskin, le père, était un homme d'une rare force de caractère, sagace, pratique, généreux et, malgré ses préjugés conventionnels et bourgeois, ayant sur l'art et la vie des idées saines. Sa confiance absolue dans le génie de son fils ne l'empêchait pas de sentir très bien tout ce que celui-ci avait encore à apprendre. Il aurait volontiers prié quelque scholar d'Oxford « d'indiquer à John un moyen d'étudier scientifiquement l'Economie politique »; à ses yeux, douter de l'Economie politique, c'était douter de la Création. « John ! John ! s'écriait-il, quelles sottises vous débitez là ! », lorsque John émettait quelques-uns de ses splendides paradoxes, aussi inintelligibles que des vers de Pindare pour le prudent négociant écossais. Intellectuellement, le père était l'antithèse même de son fils. Il était le plus fort, lorsque son brillant fils était le plus faible ; par moments, c'était le père qui semblait avoir le bon sens le plus robuste, le plus large, comme le plus près de la réalité et lorsque John eut atteint ses quarante ans, c'était encore le père qui paraissait comme son tuteur, son guide et son soutien.

Tel était l'homme qui, dans les colonnes du *Cornhill Magazine*, alors édité par son ami Thackeray, entreprit, avec toute la sublime foi en lui-même du Chevalier de la Manche, de démolir le solide bataillon qui avait tenu le champ depuis deux générations en Economie politique, c'est-à-dire les doctrines rigides et bien assises de Ricardo, Malthus et Mac Culloch. L'assaut que leur fit subir Ruskin n'était pas le premier. Carlyle, qu'il appelait son maître, n'avait cessé de lancer épigrammes, sarcasmes et quolibets contre la « science lugubre » et ses adeptes. Dickens, Kingsley, et d'autres romanciers s'étaient élevés violemment contre la philosophie à la Gradgrind du travail et les malheurs sociaux et moraux qu'elle engendrait. Maurice et les socialistes chrétiens s'étaient indignés contre la Ploutonomie des économistes orthodoxes dont John Stuart Mill se séparait dans une large mesure. La correspondance entre Mill et Comte et la *Politique* de ce dernier montrent à quel point la philosophie positive s'éloignait de la ploutonomie orthodoxe ; mais de tout cela, en 1860, John Ruskin était et resta toute sa vie profondément ignorant. Il n'en était pas moins plein de la pensée de Carlyle, il était en étroite communion avec Maurice et ses amis et tous deux partageaient les idées des révolutionnaires et des socialistes que les événements européens de 1848 à 1860 rendirent familiers aux penseurs anglais. Ruskin ne fut donc, en aucune façon, le premier à élever des doutes sur l'évangile de Ricardo et de Mac Culloch, mais il fut certainement le premier à ouvrir le feu contre le credo et le décalogue de cet évangile et à formuler ces doutes et ces critiques en une forme littéraire si tranchante qu'elle devait produire sur le public, en général, comme l'effet d'un coup de clairon.

Les quatre essais, intitulés d'une manière si caractéristique — « les Racines de l'Honneur », « les Canaux de la Richesse », « *Qui judicatis terram* » « *Ad valorem* », s'ouvrent par cette phrase tranchante :

« *De toutes les erreurs qui, à différentes périodes, ont pris possession de l'esprit de beaucoup d'êtres humains peut-être la plus étrange, à coup sûr, la moins honorable, c'est cette prétendue science de l'Economie Politique basée sur l'idée qu'un code avantageux d'action sociale puisse être établi sans tenir compte de l'amour social.*

Cette vérité décisive, à savoir qu'une science de la richesse ne peut jamais dépasser quelques corollaires d'application spéciale, tirés d'un système plus compréhensif d'économie sociale, c'est-à-dire d' « une philosophie sociale », cette vérité n'avait jamais jusque-là été aussi hardiment et aussi dogmatiquement exposée que par Auguste Comte. Comme le dit le professeur Ingram, le raisonnement de Comte était qu' « une science économique séparée est, à parler strictement, une impossibilité, parce qu'elle ne représente qu'une fraction d'un organisme complexe dont toutes les parties ainsi que leur mode d'action sont en relations constantes de correspondance et se modifient réciproquement. » Mais Ruskin ignorait complètement ce qui avait été dit à ce sujet une génération avant lui et certainement, s'il l'avait su, il ne l'aurait pas exposé sous une forme aussi systématique que Comte.

Ruskin aborda hardiment ce problème en partant du point de vue sentimental et social du Moyen Age, mais il en pénétra le sens complet et l'exposa dans son style éclatant. Il ne nie pas les conclusions de la science si on admet ses prémisses, mais elles lui paraissent aussi vides d'intérêt pratique que le serait une science de la gymnastique basée sur cette assertion que l'homme n'a pas de squelette. « L'économie politique moderne, dit-il, prétend que l'être humain est tout squelette et elle émet une théorie ossifiante du progrès basée sur cette négation de l'âme et ainsi, après avoir montré tout ce qu'on peut faire avec des os et construit un certain nombre de figures géométriques intéressantes avec des crânes et des humérus, elle prouve victorieusement quel inconvénient il y aurait à rétablir l'âme au milieu de ces structures corpusculaires. »

Dans sa théorie du Travail et de la Production, l'économie politique orthodoxe, nous dit-il, compare le travailleur a une machine dont le pouvoir moteur lui vient de la vapeur ou de quelque autre force mesurable. Au contraire, « le travailleur est une machine dont le pouvoir moteur est une âme et la puissance de cet agent particulier entre, comme une quantité inconnue, dans toutes les équations de l'économie politique et, en tant qu'inconnue, falsifie toutes ses solutions ». Sans doute, aussi longtemps que des hommes, soit qu'ils dirigent le capital, soit qu'ils soient dirigés par lui, seront mus par quelque force calculable, à l'exclusion pour un temps de toute autre influence, les déductions des ploutonomistes seront exactes et vraies, mais, dans une société humaine quelconque bien portante, un tel état de choses ne pourra jamais être que temporaire et limité.

Ce petit volume de 170 pages est rempli de sentences mémorables, insuffisantes peut-être au point de vue scientifique mais étrangement suggestives à la réflexion. Qu'entendons-nous par « riche ? » En réalité, la richesse est toute négative ; la puissance de vos guinées ne dépend que du besoin qu'en a votre voisin ; s'il n'en a pas besoin, elles ne sont pour vous d'aucune utilité. L'art de devenir riche consiste à faire en sorte que votre voisin reste pauvre. Si une société était entièrement composée de millionnaires, ils seraient condamnés à cirer eux-mêmes leurs souliers. « La richesse n'es pas autre chose qu'un pouvoir sur les autres. » « Ce qui nous semble être la richesse n'est en vérité que la surface dorée d'une ruine profonde, quelque chose comme la poignée de métal que le pirate a récoltée sur le rivage où il a attiré par surprise un navire. » « Achetez au meilleur marché possible, soit ; mais qu'est-ce qui fait le bon marché ? Le charbon de bois pourrait être bon marché au milieu des ruines fumantes de votre toit après un incendie et les briques devenir communes dans les rues après un tremblement de terre ; mais un incendie, un tremblement de terre ne sont pas des bénéfices nationaux ? Vendez le plus cher possible, soit ! mais qu'est-ce qui fait la chèreté d'un marché ? Vous vendez bien votre pain aujourd'hui ; est-ce à ce mourant qui a donné pour cela son dernier sou et n'en aura plus besoin désormais ? est-ce à cet homme riche qui demain achètera votre ferme à la suite d'une saisie ? Est-ce à ce soldat qui va piller la banque où vous avez déposé votre fortune ? »

Puis vient ce passage que j'ai toujours considéré comme un chef-d'œuvre d'esprit, de sagesse et d'éloquence. « Dans une communauté réglée uniquement par la loi de l'offre et de la demande, mais protégée contre toute violence ouverte, les riches seront, en général, les plus industrieux, les plus résolus, les orgueilleux et les cupides, ceux qui seront prompts et méthodiques, les gens sensés et ceux qui sont dépourvus d'imagination, de sensibilité et enfin les ignorants ; les pauvres seront ceux qui sont tout à fait fous, ceux qui sont tout à fait sages, les paresseux et les insouciants, les humbles, les méditatifs et les sots, les imaginatifs, les sensitifs, les gens bien informés et les imprévoyants, ceux qui sont irrégulièrement et impulsivement pervers, les coquins maladroits, les voleurs sans malice et enfin ceux qui sont tout à fait justes, bons et miséricordieux. » Et le morceau se termine par ces mots : « *La seule richesse, c'est la vie* ; la vie avec toutes ses facultés d'amour, de joie et d'admiration. Cette contrée est la plus riche qui nourrit le plus grand nombre d'êtres humains nobles et heureux. »

C'est là toute l'économie politique de John Ruskin ; et elle se ramène à ceci : les conditions qui produisent la richesse sont mêlées de façon inextricable aux conditions générales qui donnent au corps politique la santé et la noblesse. Cette grande et opportune vérité n'a jamais été exposée avec une éloquence plus incisive, ni prêchée avec une plus intense conviction. Il n'est pas nécessaire de s'étendre sur les erreurs et les exagérations que l'on trouve dans ce livre comme dans les autres ouvrages de Ruskin. Il y a là de la fantaisie qui confine au fantastique quoique à un degré moindre que dans ses autres ouvrages. L'attaque contre

Mill est injuste et ignorante, car Mill certainement s'efforça de neutraliser le champ étroit où l'économie politique est légitime, peut-être sans beaucoup de succès, mais on ne doit point le confondre avec Ricardo, encore moins avec l'école des ploutonomistes à la Gradgrind, qui considèrent les faits observés au milieu d'une société malade comme étant pour toujours moralement et socialement nécessaires.

Il peut se faire que les définitions de Ruskin aient trop de fantaisie pour être exactes. Il s'abandonne trop à sa vieille habitude calviniste d'extraire violemment sa philosophie du texte des Ecritures en les interprétant librement d'après les besoins de la cause. C'est ainsi qu'il déduit l'antagonisme permanent entre le riche et le pauvre des Proverbes de Salomon — « Un marchand juif engagé dans de grosses affaires sur la Côte d'Or est réputé pour y avoir fait la plus grande fortune de son temps ». Quant à son mépris pétulant pour ses adversaires, peut-on demander la modération à un homme qui combat toute une armée ? Personne ne dira qu'Elie montrait de la suffisance lorsqu'il tournait en dérision les prêtres de Baal ni que Jean-Baptiste était un simple arrogant quand il insultait Hérode en face. Prenons donc les Réformateurs, les Evangélisateurs, les Prophètes qui ont une mission tels qu'ils se présentent à nous et acceptons d'eux ce que nous pouvons.

L'indignation générale que souleva l'apparition de ces études dans le *Cornhill* incita les éditeurs à presser Thackeray d'en suspendre la publication, ce qui fut fait après le quatrième essai ; et ce n'est que deux ans plus tard qu'ils furent réunis en volume. Quand il eut paru, M. J.-A. Froude, alors éditeur du *Fraser's Magazine,* accepta une nouvelle série d'articles sur « l'Economie Politique » (juin 1862). L'opposition du public fut encore telle que l'on dut s'arrêter après le quatrième ; ces études parurent en 1872 sous le titre de *Munera Pulveris.* Ce livre renfermait six chapitres et était dédié à Carlyle, « le Solitaire qui enseigne la vérité, la justice et la bonté ». Il y aurait peu d'utilité à critiquer les raisonnements décousus et les invectives classées sous les chefs suivants : 1° Définitions ; 2° Magasins ; 3° Monnaie ; 4° Commerce ; 5° Gouvernement ; 6° Autorité et 7° Appendices à propos de tout.

Le titre de *Munera Pulveris* est tiré d'un vers d'Horace — *Pulveris exigui prope litus parva Matinum munera* — dont peu de lecteurs arrivent à comprendre le sens caché. Dès les premiers mots, une proposition tranchante : l'Economie Politique, telle qu'on l'entend habituellement, « n'est en réalité rien de plus que l'étude de quelques phénomènes accidentels que présentent les opérations commerciales modernes ». De même que l'Economie domestique règle les actes et les habitudes d'une maison, l'Economie Politique (justement appelée ainsi) « règle ceux d'une société ou d'un état, dans tout ce qui a rapport aux moyens de subsistance ». De ce texte, Ruskin tire un certain nombre de propositions, de principes et de critiques destinés à régler l'action de la société, au moins en tant que corps agissant, d'après un idéal qui lui appartient en propre. Le livre est ainsi beaucoup plus constructif et étendu qu'*Unto this Last*, l'essai précédent, quoiqu'il repose sur cette même idée générale : les économistes orthodoxes prétendaient que les hommes ne sont unis que par des motifs intéressés tandis que, en réalité, hommes et sociétés sont des organismes extrêmement complexes et on ne peut interpréter rationnellement leurs actes et leurs buts que si on les considère comme des organismes complexes.

Dès le début, Ruskin, à sa manière vague et fantaisiste, saisit bien le fond même de la question — qu'il ne peut y avoir d'Economie politique rationnelle en dehors d'une sociologie qui la comprenne. D'ailleurs, le terme même et l'idée prise dans son sens complet lui sont étrangers et échappent à son mode de compréhension, mais il a saisi la vérité. Une économie politique rationnelle n'est qu'une déduction d'une philosophie sociale complète. Avec un esprit, une éloquence, une habileté peu communes, Ruskin fortifie et développe ce principe; mais, dans *Munera Pulveris*, il va bien plus loin. Par suite du caractère largement *constructif* du livre, [il doit improviser une philosophie sociale de son cru. A cette tâche, il était bien peu préparé par ses connaissances incomplètes, par ses habitudes et par le tour même de son esprit. Il ne peut que lancer quelques suggestions qui sont plus ou moins un écho de Platon, de la Bible, de l'art du Moyen Age et de Carlyle. On ne peut rien imaginer de moins exact comme synthèse cohérente et systématique de la société. Lui, l'autodidacte, l'étudiant impulsif et amateur de l'art et de la poésie, il veut achever la grande œuvre où échouèrent Platon, Aristote, saint Thomas, Leibnitz — que Locke, Kant, Hume et Bentham entreprirent seulement par fractions. Quand on considère cette longue suite d'efforts pour construire une sociologie systématique, œuvre dont le plan seulement a été tracé, de nos jours, par Comte et Spencer, on ne peut s'empêcher de blâmer Ruskin d'avoir osé, comme en se jouant, traiter un sujet qu'il ignorait profondément, lui qui connaissait en effet aussi peu la littérature philosophique que la vie pratique de notre temps.

Malheureusement, des chagrins intimes et domestiques vinrent alors l'assaillir. Son père était profondément affligé et désappointé des hérésies de son fils, pour lui si étranges et si inexplicables. Les insultes cruelles des critiques, faisant comme de coutume écho aux opinions convenues, le rendaient téméraire et agressif. Il fut plus que jamais arrogant et dogmatique et répondit au ridicule par le mépris. Son habitude de recourir à des images fantastiques, à des métaphores Bibliques, à des digressions interminables s'accentua. Il n'est que trop évident, si nous comparons l'ouvrage de 1863 à celui de 1860, que son indignation enflammée contre les oppressions et les misères sociales et toutes ses rêveries sur un état de choses qu'il était impuissant à changer avaient déjà produit ces troubles cérébraux dont il a souffert si longtemps et si cruellement. Depuis cette époque et jusqu'à la fin, encore éloignée, on pouvait appliquer à Ruskin l'épitaphe que Swift avait proposée pour lui-même : *sœva indignatio cor lacerabat*.

Il a encore répandu les mêmes idées au sujet de la reconstruction des institutions et des habitudes sociales d'une façon un peu décousue mais pleine d'ardeur, dans les vingt-cinq lettres adressées, en 1867, à un ouvrier fabricant de bouchons du Sunderland, à l'occasion de l'agitation réformiste ; elles furent publiées plus tard sous le titre de « *Temps et Marée* ». L'idée de cette nouvelle série de lettres était d'engager les travailleurs à ne pas considérer seulement la question du droit de suffrage, mais bien plutôt la réforme des lois dans le sens de « l'honnêteté dans le travail et dans les échanges ». Comme de coutume, l'œuvre est assaisonnée d'étourdissantes propositions et d'anathèmes impétueux. Une relation écrite des principaux événements survenus dans la vie de chaque famille devait être annuellement remise à un fonctionnaire d'Etat et il devait y avoir par chaque groupe de cent familles un inspecteur ou un évêque chargé de surveiller si la formalité était exactement et ponctuellement remplie. Tous les objets fabriqués devaient être certifiés par la corporation du métier qui fixait les prix des marchandises et toute réclame était interdite. La terre devait être pour toujours la propriété des grandes familles anciennes (et John James, le père, dut approuver cet article), mais celles-ci ne devaient en retirer aucun revenu et elles devaient être rémunérées par l'Etat, comme le roi. Dans ce volume de deux cents pages à peine, cinquante textes de la Bible sont cités à l'appui de ce projet de législation. Il est à désirer que l'on se marie de bonne heure, mais on ne peut se marier sans autorisation de l'Etat, les jeunes gens et les jeunes filles recevront comme récompense le droit de se marier à quelque date plus ou moins éloignée. Chaque couple qui obtient cette permission doit recevoir de l'Etat un revenu fixe pendant sept ans à compter du jour du mariage. Il condamne les nombreuses familles — tout comme les malthusiens eux-mêmes.

Il n'est pas nécessaire de continuer l'exposé d'une Utopie sociale aussi subversive que celle de Platon ou de Fourier et qui rappelle l'œuvre des Jésuites au Paraguay plus que quoi que ce soit dans l'Europe moderne. Cependant ces « Lettres » sont moins une Utopie sociale que les sermons passionnés d'un enthousiaste religieux et ils ne sont pas plus impraticables que ceux de Saint Jean-Baptiste, de Saint François, de Savonarole ou de George Fox. On y trouve nombre de phrases nobles, sages et dignes d'être retenues, ce que Carlyle appelait « les traits enflammés lancés par la rage divine contre tout ce qui est faux ». La coopération industrielle vaut mieux « que le patronat injuste et tyrannique », mais il se demande si elle vaut mieux « qu'un patronat juste et bienveillant », c'est-à-dire qu'une société dans laquelle « le patron, comme un petit roi ou un gouverneur, répond de la conduite aussi bien que du confort de ceux qu'il dirige ». Mais aucun changement radical dans la société ne peut être obtenu par la violence et la précipitation. « Si, demain, vous pouviez promulguer les lois que réclament les socialistes, tous les riches quitteraient immédiatement le pays et vous péririez dans les émeutes et la famine ». Il faut lire ce qu'il dit du cheval de trait qui, attelé au côté du train, tire les wagons (Lettre V) — une créature qu'il ne peut jamais voir, dit-il, « sans une espèce de vénération », parole bien digne de Saint François d'Assise. « La religion du coquin, dit-il ailleurs, est toujours ce qu'il y a en lui de plus pourri ».

L'exposé des quatre manières dont on considère la Bible de nos jours est vrai et admirablement bien déduit ; et c'est là, peut-être, que nous avons la première et la plus nette indication du chemin que l'esprit de Ruskin avait parcouru depuis le rigide calvinisme de sa mère. Oser dire que « la vertu est impossible sans la crainte de l'enfer », c'est être soi-même dans un enfer. Le pouvoir de la musique fut-il jamais plus glorieusement célébré que par ces mots (Lettre XI)? « De tous les plaisirs de ce monde, la musique est le plus à notre portée, le plus mesuré, le plus délicat, le plus parfait ; il est le seul qui convienne également à tous les âges, depuis le chant de nourrice qui berce l'enfant, jusqu'à ces accents, entendus d'eux seuls, qui charment parfois à leur lit de mort les esprits purs et innocents ». Un état moderne ressemble à un bateau « dont le pont a l'aspect d'une galère de Cléopâtre mais dont l'entrepont est un hôpital d'esclaves ». Ceux qui désirent le plus ardemment faire quelque bien discernent avec tant de difficultés le mal et son remède « que la moité de leurs efforts se trompe de but et que quelques-uns font même plus de mal que de bien ». Voilà tout le portrait de ce philanthrope si tendre, mais quelque peu hystérique, qui savait écrire des choses si vraies, si tristes et si sages !

Et maintenant si nous nous reportons, après quarante ans écoulés, à ces utopies sociales qui soulevèrent tant de colères et furent si ridiculisées, nous remarquons, non sans étonnement, combien toutes ces idées nous sont devenues familières. « Nous sommes tous des socialistes maintenant », a dit un homme politique éminent. Quoique Ruskin ne soit pas un socialiste — mais plutôt un réactionnaire du Moyen Age ou un aristocrate absolutiste (s'il faut lui chercher une étiquette) — il y a dans toutes ses théories sociales cet élément de l'ascendance de l'Etat ou de la Société sur l'individu, de la prééminence des buts moraux sur les buts matériels et pratiques, de la nécessité d'une organisation du travail et d'un contrôle moral et spirituel sur l'étroit intérêt individuel, toutes choses qui sont le fondement même et l'essence du socialisme. L'idéal de Ruskin est une *Sociocratie* dans le sens de Comte et, avec Comte, il rejette la Démocratie pure et l'Egalité abstraite et s'en tient à ces institutions vieilles comme le monde : la Propriété, le Gouvernement et l'Eglise.

Cette ploutonomie pétandesque et pseudo-scientifique, cette science de la Richesse qu'il attaquait est maintenant aussi morte que l'Alchimie ou le Phlogiston. Ce qu'il disait de la prospérité économique, qui doit être subordonnée au bien-être du plus grand nombre, est maintenant considéré comme un axiome en politique et en philosophie ; ce qu'il disait du sage emploi de la richesse, de la distribution des produits, de la santé et du bonheur des producteurs, comme devant passer bien avant l'accumulation de la richesse, est devenu un lieu commun non seulement pour les philanthropes mais encore pour les hommes d'Etat et les journalistes. Son appel, la faveur de l'organisation industrielle, ses plaidoyers pour la suppression des établissements insalubres et pour la restriction de tous les abus anti-sociaux apparaissent comme des vérités banales aux réformateurs d'aujourd'hui. Il en est de même de ce qu'il disait sur l'éducation nationale, longtemps avant M. Forster, sur les retraites des vieillards, longtemps avant M. Chamberlain, sur les logements ouvriers, longtemps avant les lois, les discours et toutes les commissions royales de notre temps. Lisez tout ce qu'il dit sur la nécessité d'avoir des écoles normales, des écoles techniques, sur le devoir de l'Etat de surveiller l'éducation pratique et physique, sur l'assistance des ouvriers sans tra-

vail, la prévoyance pour les vieillards, sur la mise
en valeur des terres en friche, sur les restrictions
au droit de propriété, sa réprobation de ces
hommes qui « ne craignent pas d'empoisonner de
vapeurs de tabac la brise printanière d'un matin
de Mai »; relisez ces phrases qui sont comme des
traits de lumière lancés du ciel sur la terre par un
pur esprit pour éclairer la multitude des choses
humaines et sociales et vous reconnaîtrez quel
courageux pionnier fut l'homme qui, il y a quarante ans, préconisait tant de choses dont les
meilleurs esprits de nos jours souhaitent ardemment la réalisation. Le voici quelque peu oublié
maintenant, parce qu'il apparut dans une sorte
de désert moral et qu'il criait : « Repentez-vous
et réformez-vous, car le royaume du Ciel est
proche ». Le royaume du Ciel n'est pas encore
venu, il est peut-être même encore bien loin de
nous, mais John Ruskin fut le Précurseur qui a
annoncé ce qui doit arriver un jour ; il ne fut
pas, comme le disait la foule moqueuse, « un roseau battu par le vent ».

CHAPITRE IX

LA MORALE DU TRAVAIL ET DE L'ART

Ruskin avait quarante-six ans (mars 1864) lorsqu'un grand changement se produisit dans son existence, d'abord par la mort de son père et l'héritage qu'il fit d'une grande fortune, l'infirmité croissante de sa vénérable mère et enfin par l'arrivée de sa cousine Joanna Ruskin Agnew qui devint plus tard Mme Arthur Severn et qui resta auprès de lui jusqu'à sa mort. Les sept années qui s'écoulèrent entre la mort de son père et celle de sa mère et son établissement définitif à Coniston, où il passa les trente dernières années de sa vie, furent extrêmement remplies par des conférences, des voyages, des écrits de toute sorte, et aussi par des chagrins domestiques, par la maladie, une irritation croissante, une méditation incessante et une perpétuelle obsession des problèmes sociaux et politiques de ces temps fertiles en événements.

Une nuit, au début de 1864, comme il revenait de son cours au Collège des ouvriers, il trouva son père qui l'attendait pour lire ensemble quelques lettres et, peu de jours après, le vieillard s'éteignait dans sa soixante-dix-neuvième année. Il fut inhumé à Shirley Church, dans le Surrey, et son fils fit inscrire sur sa tombe les mots suivants : « Il fut un négociant parfaitement honorable et sa mémoire est chère et bienfaisante pour tous ceux qui l'ont connu. Ainsi parle de lui son fils qu'il aima par dessus tout et auquel il enseigna à dire la vérité. »

Par la mort de son père, Ruskin héritait d'une fortune de près de trois millions et demi, sans compter une propriété assez considérable consistant en terres et maisons, le tout gagné et accumulé par John James grâce à son travail, à son intelligence et à son honnêteté commerciale. Celui-ci n'était pas seulement un très honnête négociant mais aussi un homme très généreux, d'un jugement aiguisé et d'une réelle culture en poésie et en art. Ce fils, d'un génie si étrange, auquel il avait prodigué et sa fortune, et son inquiète sollicitude, était depuis longtemps séparé de lui sous le rapport des idées religieuses et économiques. Mais l'affection réciproque était toujours la même, et John Ruskin depuis longtemps homme fait, restait encore dans la maison paternelle comme un jeune garçon soumis, un peu gâté et était considéré comme à peu près incapable de lutter et de vivre seul dans ce monde pratique et terre à terre.

La vieille mère, maintenant dans sa quatre-vingt-quatrième année, infirme et presque aveugle, avait besoin d'une compagne dans la grande maison de Denmark Hill, et c'est ainsi que la cousine d'Ecosse, Joanna Ruskin Agnew, dut venir vivre avec elle. Elle était la fille de George Agnew, greffier héréditaire du Shériff de Wigtower, et de Catherine Tweddale, nièce de cette autre Catherine Tweddale qui, en 1781, s'était fait enlever pour épouser John Ruskin, le grand-père. On cousinait beaucoup dans la famille; Joanna Agnew était (à des degrés variés, suivant la mode d'Ecosse) parente des Ruskin, des Richardson et des Coxe. Ses dons brillants, sa vive nature et ses soins affectueux adoucirent les dernières années de la vieille dame et, après son mariage avec Arthur Severn, en 1871, elle remplit vis-à-vis de Ruskin le rôle d'une fille dans les dernières années de sa vie. Dans *Prœterita*, celui-ci nous parle de l'arrivée de sa cousine chez sa mère, de « son réel talent, de son génie pour tous les travaux de la femme », de l'extrême douceur de sa voix, de son esprit inventif et de son sens humoristique. Depuis son arrivée à Denmark Hill et pendant vingt-neuf ans, elle resta auprès de lui, après comme avant son mariage, et « virtuellement, dit-il, nous ne nous sommes jamais quittés ».

N'ayant point alors de travail spécial sous la main, Ruskin se mit à donner des conférences en différents lieux, prêchant partout la subordination de l'Art à un idéal moral et social. C'est à cette époque qu'il donna à Manchester, en 1864, les deux conférences intitulées « Les Trésors des Rois » et les « Jardins des Reines », qui, avec celle donnée à Dublin, en 1868, ont été réunies plus tard sous le titre si étrange de *Sesame et les Lys* (1871). Pourquoi ce titre de *Sesame et les Lys*, voilà ce que je ne suis jamais parvenu à déchiffrer. Il y fait allusion à un gâteau de Sesame (graine oléagineuse) dont parle Lucien et à un texte d'Isaïe où il est question des lys qui fleurissent dans le désert ; mais je ne puis arriver à comprendre quel rapport existe entre le Sesame et le Trésor des Rois, ni ce que signifie le lys du désert dans le jardin des Reines — mais cela importe peu. Je me souviens d'avoir assisté à une conférence de Ruskin à la *London Institution* dont le titre annoncé était « La Cristallographie ». Il nous dit, dès le début, qu'il allait, en réalité, parler de l'architecture cistercienne, « que, d'ailleurs, le titre ne faisait rien à la chose, car, ajoutait-il, si j'avais d'abord parlé des Abbayes cisterciennes, je serais sûrement maintenant en plein dans les cristaux, tandis que si j'avais commencé par les cristaux, j'aurais été vite entraîné vers l'architecture ! »

Sesame et les Lys, en dépit du titre (et les titres de Ruskin ne semblent avoir d'autre but que de procurer quelques minutes d'amusement à leur auteur) est le plus populaire de ses opuscules. L'édition que je possède, celle de 1900, porte le quarante-quatrième mille, et, à beaucoup de points de vue, cette popularité est justifiée. Ce petit livre renferme quelques-unes de ses plus belles pages, quelques-unes de ses pensées les plus hautes, et, en outre, plus d'une révélation de son moi intime. Il est dédié, d'une manière pathétique, à la Φίλη, sans l'aide de laquelle, dit-il, « il n'aurait plus rien écrit ni pensé ». Nous savons maintenant que cette amie n'était autre que Rose Latouche, la jeune fille à laquelle il avait enseigné le dessin en 1858, qui, plus tard, devait assombrir sa vie en refusant de devenir sa femme et qui mourut en 1875.

Le chapitre intitulé « Les Trésors des Rois » (dont le véritable sens est l'usage des bons livres ou une éducation solide) est un éloquent plaidoyer contre le temps perdu en lectures frivoles et a pour but d'engager chacun à se composer une bibliothèque de livres excellents et d'une valeur permanente. C'est exactement le but poursuivi par Auguste Comte, lorsqu'il publia, en 1851, sa *Bibliothèque positiviste pour le* XIXe *siècle*, mais Ruskin n'en avait point entendu parler; Carlyle dit à peu près la même chose, à Edimbourg, quelques années plus tard, et, vingt ans après Ruskin, Sir John Lubbock donna son excellente collection des « cent meilleurs livres ». Ruskin, on s'en souvient, crut devoir alors expliquer combien il s'éloignait du choix fait par Comte et par Lubbock, qui était le même à très peu de chose près. Ruskin met dans son *Index Expurgatorius* tous les moralistes profanes, tous les théologiens (à l'exception de Jeremy Taylor et de Bunyan), Lucrèce, les *Nibelungen*, et la *Morte d'Arthur*, la poésie orientale, Sophocle et Euripide, tous les historiens modernes, tous les philosophes, Thackeray, George Eliot, Kingsley, Swift, Hume, Macaulay et Emerson. Les *Trésors des Rois* de Ruskin paraissent vraiment bien pauvres.

Malgré cela — et l'on ne doit pas oublier que, en 1886, le cerveau de Ruskin avait été quelque peu troublé et qu'il était revenu à quelques-uns de ses anciens préjugés théologiques — *Sesame et les Lys* renferme de bien belles choses dites d'une manière exquise. Il dénonce amèrement ce qu'il y a de convenu dans l'éducation de la classe supérieure « éducation dirigée en vue de telle ou telle situation » — n'ayant d'autre but que « d'assurer le succès », c'est-à-dire « de mettre en évidence ». « Vous pourriez lire tous les livres qui sont au

British Museum et rester « un parfait illettré » sans éducation. Combien se vendraient tous les rayons garnis de livres du royaume uni en comparaison du prix qu'atteindraient toutes ses caves de vins fins ? Les « Lys du jardin des Reines » ne sont autre chose qu'un sermon pour les femmes. Il renferme quelques belles pensées sur les héroïnes de Shakespeare, de Dante, de Sophocle et de Spenser avec un éloge un peu plus mitigé de celles de Scott. Presque dans les termes mêmes dont Comte s'était servi plusieurs années avant lui, il nous dit : « Chaque sexe possède ce que l'autre n'a pas ; ils se complètent réciproquement ; ils ne se ressemblent en rien et leur bonheur comme leur perfection demandent que chacun reçoive de l'autre ce que l'autre peut donner. » Et, en phrases d'une grâce exquise, il trace pour les jeunes filles un plan d'éducation, pour les femmes un mode d'existence que ses admirateurs socialistes ont trouvé dangereusement voisins de ceux d'Auguste Comte.

La dernière conférence donnée à Dublin, en 1868, fort exactement intitulée « Le mystère de la Vie et des Arts », est la plus importante, la plus personnelle, la plus débordante de pensées ; et en vérité, ces soixante pages sont parmi les plus admirables que Ruskin ait écrites. Elle est pleine de tristesse et de méditations religieuses ; elle est une exhortation passionnée à une réformation de la société ; elle rappelle ardemment le mystérieux pouvoir endormi dans toute âme humaine et réprouve avec énergie le matérialisme et l'égoïsme que la société entretient dans notre génération au point de masquer ce mystère et de pervertir ce pouvoir. Cette homélie est toute remplie de ses confessions personnelles, de ses désappointements et de ses insuccès. C'est une triste histoire : les dix meilleures années de sa vie toutes consacrées à la gloire de Turner ont été dépensées en vain ; le temps où il s'est occupé de peinture et d'architecture a été du temps perdu, car le malaise social a rendu les hommes incurablement aveugles pour tout emploi un peu élevé de chacun de ces arts. Ceux-ci ne peuvent être légitimes si leur *mobile* n'est pas juste et la civilisation moderne nous rend insensibles aux motifs élevés et apathiques pour les nobles buts. « Le luxe insouciant, le machinisme déformant et la repoussante misère des grandes villes » font du grand art une impossibilité et du seul fait d'y penser un ridicule.

A partir de la mort de son père et des responsabilités qui lui incombèrent du fait d'une grande fortune, le rejet par le public de son enseignement social et économique, le chœur de moqueries qui l'assaillit lorsqu'il passa de la simple critique d'art à la vie même, à la société, à la politique, la solitude de son existence et sa propre nature renforcèrent sa tendance naturelle à la mélancolie et on en trouve surtout la trace dans Sesame and Lilies. Il écrivait à sa mère en 1867 : « Je possède un secret, celui de tirer de toutes choses des motifs de tristesse au lieu de motifs de joie ». A Eliot Norton, il écrivait de Suisse : « La solitude est grande, bien grande, la paix que je ressens maintenant est pareille à celle d'un homme enseveli sous le gazon dans un champ de bataille humide de sang. » « Je ressemble à Swift », écrit-il en 1869, et combien ces mots sont vrais et tristes ! Et cet étrange fragment d'autobiographie (*Sésame*, préface, § 21) se termine ainsi : « Par mon caractère, tel que l'ont fait la nature et les événements, par toutes mes pensées sur les choses et sur les hommes, c'est avec Swift que je sympathise le plus. » — Etrange rapprochement ! Singulières coïncidences ! Le plus sombre des écrivains anglais en face du maître de la prose la plus colorée, le plus cynique des hommes s'accordant avec le plus idéaliste faiseur d'utopies, le plus impur et le plus chaste de tous les écrivains, le politicien le plus avisé et le moins pratique des rêveurs, le plus amer des colériques et le sentimental le plus tendre ! — Et pourtant que d'analogies dans leurs caractères et dans les circonstances de leur vie ! — Tous les deux, esprits solitaires, doués du génie du sarcasme, bouillonnants d'indignation en face des misères humaines, tous les deux si courageux, si prompts à l'attaque et également doués de l'éloquence la plus enflammée, tous les deux amoureux platoniques mais continuellement choyés par des femmes excellentes, tous les deux d'abord si recherchés puis si souvent méprisés et finissant l'un et l'autre dans un tel naufrage, dans une sorte de désespoir ! John Ruskin, lui aussi, dans ses dernières années, au milieu du déclin de ses facultés, aurait pu dire avec moins d'irrévérence et d'arrogance, en tournant les pages de ses premiers livres : « Dieu ! quel génie j'étais, quand j'écrivais cela ! » Lui aussi aurait pu prendre pour épitaphe « *Sœva indignatio cor lacerabat* », et il aurait pu ajouter — *et mentem conturbabat.*

Durant toute la période qui s'écoula entre la mort de son père, en 1864, et sa retraite à Brantwood, Ruskin fut continuellement occupé par des conférences en divers lieux et sur des sujets variés, mais principalement sur les rapports de la morale avec l'Art et la Vie. Il parlait tantôt sur les cristaux, sur les plantes, sur la géologie des Alpes, tantôt sur l'éducation des jeunes filles, sur la lecture, sur la guerre, les salaires, la musique, la danse ou sur l'avenir de l'Angleterre, mais il revenait toujours à la même idée dominante — d'une vie saine et heureuse dans une société laborieuse et bien ordonnée. Il serait fastidieux d'analyser toutes ces homélies — sermons d'un prédicateur plutôt que leçons d'un professeur, trop hétérogènes et trop décousues pour pouvoir être groupées. Celles qui sont réunies sous le titre de « *La Morale de la Poussière* » *(Ethics of the Dust)* étaient une série de causeries sans suite prononcées devant les élèves d'une école de jeunes filles du Cheshire; annoncées comme devant traiter des cristaux, il y est question de cent autres choses. C'est pour les mêmes auditrices qu'il écrivit, avec infiniment de grâce et de fantaisie, ses chansons de danse. Ruskin n'était jamais en effet si bien dans son élément que lorsqu'il se faisait le compagnon de jeux des jeunes filles, un peu à la manière de l'auteur d'*Alice au pays des Merveilles*. Le jeu finissait même par apparaître quelquefois comme un léger flirt aux yeux des tantes et des vieilles dames à l'ancienne mode. En tous cas, la *Morale de la Poussière* est pleine de l'humour et de la fantaisie la plus originale ; et Carlyle, dans son jargon bizarre, disait que c'était « l'une des œuvres les plus brillantes qu'il connut » — qu'elle était « toute rayonnante de talent et de naturel, comme un vrai feu follet », avec une poésie à rendre jaloux Tennyson ». L'histoire ne dit pas si le poète lauréat sentit la morsure du monstre aux yeux verts en parcourant le volume.

La *Couronne d'Olivier Sauvage* (1865-66) tel est le titre d'une série de conférences sur « le travail », « le commerce », « la guerre » et l' « avenir de l'Angleterre », prononcées devant des ouvriers à Camberwell, à la Chambre de commerce de Bradford et les deux dernières devant les élèves de l'Ecole militaire de Woolwich. L'olivier sauvage servait à couronner le vainqueur aux jeux olympiques et, dans la cryptographie ruskinienne, il signifiait, comme il l'expliquait en un magnifique passage (Introduction, § 16) « la Couronne de paix et d'honneur parfait ». L'ouvrage contient quelques-unes de ses meilleures observations sur le travail, l'industrie, le commerce, la conduite de la vie, l'éducation et l'honneur. Nous y pouvons compter (surtout dans la première conférence destinée aux ouvriers) près de soixante textes de l'Ecriture enlacés aux raisonnements à la manière toute symbolique de Ruskin. Quoique le livre ait plus de sérieux et plus de suite que quelques autres de ses ouvrages, il présente néanmoins quelques exemples de sa furieuse exagération et de son mordant esprit. Dans la première conférence, prenez, par exemple, la description de « cette grande et impure cité qu'est Londres — bruissante, grondante, fumante et empestée, hideux assemblage de briques en fermentation, versant le poison par tous ses pores, — champ de cricket sans pelouse, énorme billard sans tapis, avec des poches profondes comme le puits de l'abîme » — et tout cela est dit de cette ville, l'une des plus célèbres dans l'histoire, l'une des plus agréablement variées et peut-être la plus saine de l'ancien et du nouveau monde ! Dans la seconde des conférences, voici un passage à retenir : « Ceux qui empruntent, dépensent toujours mal, et c'est avec de l'argent prêté que tout mal arrive et que se prolongent les guerres injustes. » Comme cela vient à point pour nous en 1902, au siècle des Compagnies à Chartes, des trusts monstres et des emprunts de guerre !

La *Reine de l'air*, tel est le titre de trois conférences faites en 1869 sur les mythes de la Grèce, Athénée, Apollon, Hermès, Hercule, et autres choses du même genre qui sont intéressantes en ce qu'elles nous donnent les premières études de Ruskin sur l'art grec. Elles révèlent, en outre, une connaissance de la mythologie grecque et une familiarité avec la poésie grecque qui sont remarquables quand on songe à son éducation classique faite à bâtons rompus. Il analyse, avec des exemples à l'appui, plus de cent allusions à la poésie grecque, à la mythologie, aux légendes populaires ; et il cite Homère, Hesiode, Eschyle, Hérodote, Pindare, Euripide, Aristophane, Virgile, Horace et Lucien. La plupart des symboles qu'il voit dans les mythes — ou que plutôt il en tire de force — sont fantaisistes et sans autorité, mais ils sont toujours gracieux et suggestifs. Puis, au milieu d'une discussion tout esthétique sur la sculpture grecque il retombe perpétuellement dans l'économie politique, — le Capital, le Crime, le Travail, la Terre, la Législation, la Monnaie, la Valeur et la Richesse — et, enfin, quoique son sujet soit l'étude des mythes, il trouve moyen de parler de quelque chose comme de quatre-vingt-sept espèces de fleurs, d'une demi-douzaine d'animaux différents, et de plus d'une douzaine d'artistes modernes.

Son opinion définitive sur l'art grec est une preuve merveilleuse de son goût et de sa pénétration, surtout de la part d'un homme de cinquante ans, qui, toute sa vie, fut un dévot passionné de Fra Angelico, des cathédrales du Moyen Age, du Tintoret et de Turner. Les mérites de l'art grec, dit-il, sont : « Un savoir solide, — des buts simples — une habileté consommée — une brillante faculté d'invention, un bon sens robuste, une intention vraie et sage et, par dessus tout, du sang-froid, un calme qui ne se dément jamais. » Ce qui caractérise l'art grec c'est la *raison*, plutôt que la *beauté*. Tout ce à quoi il aspire, il le fait, et tout ce qu'il fait, il le fait bien. La contrainte qu'il s'impose est merveilleuse, il a la paix du cœur et il est joyeux; « ses intentions sont sincères et pures, son bon sens est solide comme ses principes, de là sa force et la grâce que donne la force ». Et cependant Ruskin ne donnera pas la couronne d'olivier sauvage à la Vénus de Milo elle-même « qui ne pourrait lutter contre une simple jeune fille anglaise, de race pure et de cœur tendre ». Il trouve les suaves têtes des chérubins de Sir Joshua Reynolds à Kensington « incomparablement plus belles que tout ce que la Grèce a produit ».

Ainsi s'écoulèrent ces années — de fréquents voyages en France, en Suisse, dans l'Italie du Nord, puis le retour à ses chers lacs anglais où il s'occupait de géologie, de minéraux, où il dessinait, écrivait des lettres et donnait continuellement des conférences. En 1867, il fut le « *Rede Lecturer* » devant le Sénat de Cambridge et prit encore pour sujet le thème qui maintenant l'absorbait complètement : « Des Rapports de la Morale Nationale avec l'Art National » : Cette conférence n'a point encore été publiée, mais, d'après ce que nous en pouvons juger par les extraits des journaux, elle fut composée dans un style plus conventionnel que Ruskin n'en avait l'habitude, et ressemblait à un sermon universitaire plutôt qu'à la leçon d'un professeur. Il engageait les étudiants à ne jamais perdre de vue « l'importance infinie d'une vie vertueuse et le fait que celle de l'au delà se passerait, soit en la présence de Dieu, soit dans les ténèbres ». Aux professeurs, il disait que leur bonheur futur dépendait du soin qu'ils mettraient à « remplir en conscience la tâche suprême qui leur était confiée d'élever la jeunesse ». — « Ne les induisez pas en tentation, mais délivrez-les du mal ». Cet appel aux directeurs des collèges et aux maîtres était évidemment un appel à la perfection. Le père de Ruskin avait coutume de dire de son fils « qu'il aurait dû être évêque ». En dépit de son *nolo episcopari*, il fut partout et toujours un Directeur de consciences et jamais plus que dans ses dernières années. Mais il est bien possible aussi que quelques-uns des passages cités ne soient que des lieux communs de sténographes.

En 1865-66, la répression sanglante d'une émeute de noirs à la Jamaïque et l'exécution sommaire de Gordon par le gouverneur Eyre soulevèrent une violente indignation. Des comités s'organisèrent les uns pour poursuivre, les autres pour défendre le gouverneur. Carlyle, qui était toujours pour la loi martiale et contre les esclaves, entraîna Ruskin dans le comité de défense en faveur de Eyre ; Ruskin y adhéra énergiquement et souscrivit même pour la somme de cent livres (1). Bien des

(1) Il est assez piquant de constater que le Comité qui se

gens trouvèrent étrange de voir l'auteur d'*Unto this Last*, « l'homme bon, juste et miséricordieux » appuyer l'oppression illégale des faibles ; mais c'étaient ses instincts de Tory qui se réveillaient, c'était aussi, comme en beaucoup d'autres choses, l'influence de Carlyle qui se faisait sentir.

En 1871, miss Agnew épousa Arthur Severn et quitta Denmark Hill. La même année, Ruskin acquit la maison et la propriété de Brantwood sur le lac de Coniston, « la plus belle vue du Cumberland ou du Lancashire ». En décembre de cette même année, sa mère mourut, à quatre-vingt-dix ans, infirme et presque aveugle, mais ayant gardé toute sa résolution et étant restée jusqu'au dernier moment maîtresse dans sa maison. Son fils l'avait aimée, il lui avait obéi et il la pleura « avec le sentiment profond de sa perte ». Il l'inhuma à côté de son père à Shirley et inscrivit sur sa tombe l'épitaphe suivante : « Jamais plus chère dépouille ne retourna à la terre, jamais existence plus pure ne fut rappelée au ciel ».

---

forma, dans un camp opposé, sous la présidence de John Stuart Mill, et en faveur des nègres, comptait parmi ses membres les plus actifs, l'auteur de ce volume, M. Frédéric Harrison lui-même (Note du traducteur).

Ruskin, âgé maintenant de près de cinquante-trois ans, restait enfin seul ; il se retira dans sa nouvelle et lointaine demeure et une autre phase de sa vie s'ouvrit avec sa carrière de professeur à Oxford.

CHAPITRE X

RUSKIN PROFESSEUR A OXFORD

Au mois d'août 1869, Ruskin fut élu professeur d'Esthétique (Slade Professor) à Oxford, et il semble qu'il en fut plutôt surpris. En février 1870 (il avait alors cinquante et un ans) il donna sa première leçon au *Sheldonian Theatre* ; l'affluence fut si grande que le cours dût être transféré dans un autre local que le Museum qui n'était pas assez spacieux pour contenir tout l'auditoire. En janvier 1873, il fut encore réélu pour une nouvelle période de trois ans, puis en 1876, pour un troisième terme. Son état de faiblesse et sa mauvaise santé l'obligèrent alors à résigner ses fonctions. En 1883, il fut appelé de nouveau à succéder à Sir W. Richmond, mais il cessa définitivement de professer à la fin de 1884. Son professorat d'Oxford avait duré plus de dix ans, de 1870 à 1884 ; cette date qui est celle où il parut pour la dernière fois en public, marque également l'époque où — exception faite pour *Prœterita* et quelques autres œuvres de circonstance — s'arrête sa production littéraire. Quelques-unes de ses leçons d'Oxford, au moins celles du début et d'autres où il mit le meilleur de lui-même, eurent autant d'effet et de résultat utiles qu'aucune de ses œuvres. Il n'y avait dans sa méthode rien de convenu mais de la familiarité, de l'humour et toujours un charme extrême. Il avait ordinairement devant lui des dessins, des modèles, des diagrammes et des figures pour illustrer ses raisonnements, et là-dessus il improvisait un riche flot d'idées, de commentaires et de fantaisies. Dès les premières leçons et généralement au commencement de chaque conférence, il lisait avec soin quelque passage de ses écrits, tel qu'on en peut trouver dans les *Peintres modernes*, mais la conférence ne se bornait jamais à être une simple lecture.

On a dit très justement que Ruskin comme professeur remplissait au mieux les quatre conditions requises — des recherches personnelles, beaucoup de brillant, une instruction générale et un enseignement professionnel. Si le public s'imagina que ces fonctions lui conféraient un nouvel honneur, si sa famille et ses intimes ne l'appelaient plus que « le professeur », il est certain aussi que les hommes les plus éminents d'Oxford considéraient sa collaboration comme une gloire et une force pour l'université elle-même. Les conférences d'Oxford ont été réunies plus tard en volumes qui portent les titres suivants : *Leçons sur l'Art* (1870), *Aratra Pentelici* (1870, *Michel-Ange et Tintoret* (1870), *Le Nid de l'Aigle* (1872), *Ariadne Florentina* (1872), *La Mesnie d'Amour* (1873), *Val d'Arno* (1873), *l'Art en Angleterre* (1873), les *Plaisirs de l'Angleterre* (1884). Enfin, au cours de son enseignement il écrivit, à l'usage des voyageurs qui vont en Italie, une série de livres-guides : Les *Matinées à Florence*, le *Repos de saint Marc* et l'*Académie des Beaux-Arts à Venise*.

M. Edward T. Cook, un de ses disciples les plus distingués et son biographe a écrit dans ses *Etudes sur Ruskin* (1890) le passage suivant qui mérite d'être cité :

« *Le charme de la voix, pendant les leçons de M. Ruskin, dégageait une influence aussi puissante que celle qui émanait de la personne même du Maître. Les volumes de ces leçons qui ont été publiés comptent parmi les plus importants en même temps que les plus soigneusement et les plus attentivement écrits de ses ouvrages, mais ils ne donnent au lecteur qu'une faible idée de la fascination produite sur l'auditeur (« cette voix si étrange, dit M. Mallock, qui tenait souvent tout l'auditoire haletant, cette voix de Ruskin me hante encore* »).

« *En réalité, M. Ruskin n'est pas un orateur. Son éloquence est étudiée, elle n'est pas spontanée ; c'est celle d'un écrivain, non d'un maître de la parole. Sa voix, quoique sympathique, n'est ni forte ni pénétrante ; peu ou point d'action ; mais une qualité fort essentielle pour réussir comme orateur, et que M. Ruskin possède à un haut degré, c'est une remarquable personnalité. Ceux qui l'ont entendu à Oxford ne peuvent oublier cette figure légèrement courbée sous l'ample toge — qu'il écartait souvent quand les plis devenaient gênants — et le bonnet de velours, l'un des restes de l'accoutrement du* « *gentleman commoner* »... *L'originalité du costume, — le pardessus léger en laine de ménage, le gilet croisé, la redingote à l'ancienne mode et mal ajustée, la large et inévitable cravate bleue, tout cet extérieur était, en quelque sorte, le reflet de l'originalité de son esprit et de son discours. N'étaient les mains si délicates et les doigts fuselés, dénotant un tempérament d'artiste, on eut pris le professeur d'Oxford pour un gentilhomme campagnard de l'ancien temps. Au repos, les traits de M. Ruskin s'étaient, depuis quelques années, ridés et attristés, mais les yeux bleus perçants sous les sourcils embroussaillés n'avaient jamais cessé de briller des feux du génie, tandis que le sourire qui n'était jamais longtemps absent pendant qu'il parlait, éclairait sa figure de tout le rayonnement que donnent une grâce singulière et un esprit charmant* ».

Les « *Leçons sur l'Art* », par lesquelles s'ouvrit le cours d'Oxford, sont une des œuvres les plus sérieuses et les plus profondes de Ruskin. L'art, les artistes et leurs œuvres en formaient le texte, servaient d'exemples et donnaient lieu à des digressions. En réalité, c'étaient de véritables homélies sur l'éducation, la sincérité dans la vie, l'idéal dans la conduite, l'esprit religieux. Elles contiennent un réquisitoire contre la vulgarité et l'avarice modernes, plein de traits satiriques et de plaintes pathétiques sur la dureté de cœur et la grossièreté de ton de la société anglaise d'aujourd'hui. Elles étaient plutôt faites pour être des sermons prononcés du haut d'une chaire que les leçons d'un professeur. Le grand Art ne peut fleurir dans un monde pervers : voilà la vieille sentence qui revient sans cesse comme un refrain. Que le titre soit l'Art et la Religion, l'Art et la Morale, l'Art et l'Utile, c'est toujours le même thème — un thème que le fondateur du Cours d'Esthétique n'avait peut-être pas eu en vue, mais que Ruskin depuis qu'il avait terminé ses *Peintres Modernes* n'avait cessé de développer avec plus ou moins d'exagération, mais avec toute la ferveur qui était

en lui, comme par exemple, lorsqu'il s'écriait :
« Vous vivez dans un siècle de basse vanité et de
servilité encore plus basse — un siècle dont l'intelligence n'est que pillage et profanation, parodiant aujourd'hui pour les détruire demain les
œuvres de toutes les nobles âmes qui essayèrent de
rendre possible la vie de l'esprit et la vie de l'art ».

Après ces plaintes enflammées, le Professeur revenait à l'Art; dans le cours de l'hiver 1870, il donna
six leçons, réunies maintenant sous le titre d'*Aratra Pentelici*, se rapportant toutes plus ou moins
directement aux relations des arts entre eux, à
l'Idolâtrie et à l'Imagination, c'est-à-dire à l'idéal
et aux symboles, à la forme et à la structure dans la
production artistique et se terminant par une comparaison entre les traits distinctifs des meilleurs
ouvrages athéniens et de la sculpture florentine.
Ces leçons d'un style si gracieux, si suggestives, si
pleines de pensées originales, sont une joie pour le
lecteur et un excellent modèle à suivre dans la voie
des appréciations justes comme des recherches
utiles. Elles contiennent aussi quelques-uns de
ses propos les plus spirituels et les plus éloquents
et elles sont illustrées d'admirables dessins, de
photographies et de diagrammes. « L'Art, loin d'être
étranger aux grandes questions des devoirs et des
périls sociaux, est au contraire en rapport profond
et étroit avec elles. » La guerre de 1870 lui cause

de si vives émotions qu'il ne peut s'occuper des principes généraux de l'Art et qu'il se confine dans la technique de la sculpture. Il prend, par exemple, un plat de porcelaine, décrit sa rondeur, ses rebords, son dos, les uns servant de *poignée*, l'autre de *support* permanent. En fait d'ornement, le plat porte sur ses bords six roses peintes, et de cet objet il passe tout à coup au porche de San Zenone à Vérone, dont il montre une belle photographie, et de là, par une de ces transitions dont Ruskin a le secret, à la monnaie si élégante de Syracuse, portant une thèse d'Aréthuse dessinée par Cimon.

« Il n'y a pas d'exemple d'une belle sculpture qui ait été produite par un peuple apathique, faible ou en décadence. Son théâtre peut gagner en grâce et en esprit, mais, dans ses jours de déclin, sa sculpture sera toujours inférieure ». *Cela donne à réfléchir*, si l'on se rappelle que le modèle de Praxitèle pour son Aphrodite ne fut autre que Phryné et que Michel-Ange travailla pour les papes et les princes du XVIe siècle. « L'école grecque de sculpture est née de l'effort national vers la justice et elle en est une conséquence. » On s'étonne que le nom même de l'Aphrodite de Melos n'éveille pas dans l'esprit du Professeur le souvenir de l'affreuse sentence du Demos athénien contre les habitants de Melos. « Tous les arts qui ont la religion pour fondement, surtout la sculpture, sont maintenant, en Angleterre, stériles et corrompus à un point jusqu'alors inconnu dans l'histoire du genre humain. » Et il dit cela précisément au moment où Alfred Stevens exécutait le grand monument de Wellington dans la cathédrale de Saint-Paul.

Mais, en dépit de ces boutades d'un homme dont les nerfs trop sensibles étaient perpétuellement déchirés, nous ne devons pas oublier tout ce que contiennent de vérité et de charme les traits de lumière qu'il projette dans l'âme de la sculpture grecque et florentine. « Les Grecs ont été le premier peuple né pour une humanité intégrale »; les premiers, ils regardèrent « de leurs yeux d'enfants, largement ouverts, ce monde étrange et divin ». « Ce que vous discernez du premier coup dans une œuvre grecque est la chose que vous devez discerner la première dans toute œuvre, c'est-à-dire que son but est conforme à la raison et qu'il a été obtenu par des moyens aussi simples que possible. » « Le sculpteur moderne pense en argile et non en marbre. » Les Grecs modelèrent dans la perfection le corps et les membres humains, mais ils ne représentèrent pas le visage aussi bien qu'un grand artiste italien. Si les Italiens, au contraire, surent peindre et sculpter la figure d'une manière inimitable, il n'y a point d'exemple qu'ils aient su également bien représenter le corps que leur religion leur commandait de mépriser et le souci de leur salut de mortifier. Il faut donner un sens très étroit au mot « perfection » pour comprendre que la tête du Jupiter Olympien de Phidias n'est pas parfaite et qu'il manque quelque chose aux trois grâces de Raphaël et aux Vénus du Titien ; mais ce que Ruskin veut évidemment dire, c'est qu'aucune tête grecque connue n'a l'expression du Christ de Léonard et que le Bacchus du Titien pas plus que sa voluptueuse duchesse ne présentent les nobles formes du Thésée ou de l'Aphrodite de Melos. Le Grec ne cherche jamais à exprimer une passion passagère, l'artiste florentin en fait au contraire l'objet principal de sa recherche. Un Grec n'exprime jamais un caractère personnel, un Florentin considère au contraire l'expression du caractère comme la suprême condition de la beauté. Les Grecs n'idéalisent point la beauté. La Vénus de Milo a de la dignité, de la simplicité, mais non le charme d'une jeune fille anglaise. Chez les Grecs, rien de mystérieux ni de sentimental — leur force est dans la Raison — ils reproduisent une chose dans toute sa simplicité. Le Grec, en un mot, a une conception large, puissante et calme, mais en même temps, délicate, subtile et variée.

Le *Nid de l'Aigle* (1872) — le livre que Carlyle préférait — est un cours de métaphysique sur les facultés morales et esthétiques, bien plus que sur l'art lui-même. Le titre était encore tout fantaisiste et s'expliquerait par ce fait que le livre contient beaucoup de choses sur les oiseaux, une douzaine d'espèces au moins y sont mentionnées, et il y est aussi quelque peu question des aigles. Quel rapport y a-t-il entre les nids des aigles et l'enseignement de l'Art, c'est là le secret de Ruskin et certainement bien peu des élèves (auxquels il avait cependant la prétention d'offrir un cours complet d'études) résolurent l'énigme. Naturellement, il y est question de beaucoup d'autres choses en dehors des oiseaux — on y parle de « Bustle », le fameux chien du Dr Acland, de l'arbitrage pour l'Alabama, du blason et des ordres héraldiques, de deux jeunes dames qui étudient l'Astronomie de quarante textes de la Bible ; on y voit les dangers d'étudier l'anatomie, il y est parlé de la danse au *Gaiety Theatre*, de la famine d'Orissa, des logements ouvriers, du dessin d'après le nu, de la tour Victoria à Westminster et de la bataille du Lac Regille — tout cela en 240 paragraphes, et *à propos* (non pas *de bottes*) mais d'Aigles.

Les cinq premières leçons sont consacrées à l'explication de ce que les Grecs entendent par σοφία, σωφροσύνη et αὐτάρκεια et elles empiètent quelque peu sur les terres du professeur de Grec et sur celle du professeur de philosophie morale et métaphysique.

Mais, étant donnée la méthode capricieuse et décousue de Ruskin, on y trouve, sous une forme exquise, bien des pensées suggestives sur les relations de la Science, de l'Art et de la Littérature, entrecoupées d'ingénieuses citations d'Homère, d'Aristote, de Shakespeare, de Chaucer, de Goethe et de Blake et agrémentées de gracieuses fantaisies sur l'instinct et le chant des oiseaux. Le raisonnement, où scintille une brillante imagination et où fourmillent les allusions, n'est pas très facile à suivre mais il revient à peu près à ceci : l'objet de l'Art est de représenter ce qui est visible, non de donner une explication scientifique de la composition intime et invisible d'une chose et encore moins de son origine. Trois mille ans ont passé depuis l'âge d'Ulysse qui sut résister à la tentation d'apprendre des Sirènes « une nouvelle sagesse », et nous en sommes encore à chercher à augmenter notre savoir plutôt qu'à nous servir de celui que nous possédons, nous sommes chaque jour plus désireux d'élargir le champ de nos découvertes, chaque jour nous perdons un peu plus de notre faculté d'admiration et de respect. Il y ajoutait bien d'autres choses encore qui n'eurent pas plus de résultats que ceux que produisent sur les étudiants les sermons universitaires.

Lorsqu'il en vient à donner son avis sur l'art du dessin, Ruskin proteste avec énergie contre toute intrusion de la science dans l'art et ici, il est évident qu'il a en vue une science professée dogmatiquement, car il mêle à tout une sorte de science qu'il tire de son propre fonds. On connaît l'histoire de ce vieux marin qui reprochait à Turner, dans son tableau du port de Plymouth, de n'avoir pas donné de sabords à ses vaisseaux. « Eh non, répondait le peintre, vous ne *voyez* pas les sabords, mon affaire est de peindre ce que je vois, non ce qui est. » « L'Art, dit Ruskin, n'a rien à faire avec les structures, les causes, les faits absolus, il ne s'occupe que des apparences ». Il en résulte que l'étude de l'anatomie est plutôt un embarras pour l'Art graphique. Michel-Ange, Botticelli, Dürer et Mantegna ont souffert de leur connaissance scientifique du squelette et de l'anatomie qu'on découvre sous la surface de leurs peintures; ils cherchaient sans cesse à reproduire non ce qui pouvait se voir mais ce qu'ils savaient être caché sous les apparences extérieures. Mantegna et Dürer « furent absolument gâtés et paralysés » par leurs connaissances anatomiques. L'étude même du nu, en dehors de ce que montre la vie de tous les jours, ne peut que nuire à la peinture et à la sculpture — par exemple les études d'après nature de Mulready sont vulgaires et abominables. La raison en est que, si les artistes reproduisent bien ce qu'ils voient, ce n'est point en tous cas ce que voit ou sait le public, et ils troublent ainsi l'esprit en lui présentant ce qui n'est ni familier à l'œil ni agréable à voir. Il semble que, pour les mêmes raisons, le professeur interdirait, dans les écoles élémentaires, le dessin d'après l'antique. Donner à contempler à un jeune garçon ou à une jeune fille les marbres du Parthénon, c'est exposer de jeunes tempéraments « à se corrompre par l'affectation et à souffrir d'un excès d'imagination ambitieuse ». C'est pire encore pour des jeunes gens de subir les horreurs d'une salle de dissection ou de se familiariser avec les formes corporelles, sous nos climats où, en raison du port constant des vêtements, le corps est loin d'être parfait et ne peut être vu déshabillé dans un sentiment absolument pur.

Avec l'*Ariadne Florentina* (1872) nous abordons des études plus strictement artistiques ; elles s'occupent surtout de la technique de la gravure sur bois et sur métaux et contiennent de subtiles analyses des procédés de Botticelli, Dürer, Holbein, Bewick et Tenniel. C'est de la critique raffinée mais beaucoup trop spéciale pour être examinée ici, surtout sans le secours des dessins si achevés et des photographies qui donnaient tant d'intérêt à la leçon orale. On recule devant la tâche d'exposer, de défendre ou de critiquer tout ce que dit le professeur sur les triomphes comme sur les erreurs du graveur, analyses souvent frappantes, quelquefois fantaisistes, presque toujours suggestives. La *Danse des Morts*(d'Holbein, est un sujet sur lequel Ruskin devait aimer à s'étendre. « Vous pouvez en apprendre davantage, dit-il, en essayant de graver l'extrémité d'une oreille ou une boucle de cheveux qu'en prenant des photographies de la population tout entière des Etats-Unis d'Amérique. » Malheureusement, tout ce que le public demande aux gravures de nos jours, c'est une plage de Ramsgate, Dolly Vardens et la station de Paddington — c'est-à-dire l'image de lui-même.

Le volume sur les graveurs allemands et florentins contient beaucoup moins de digressions morales et philosophiques que les autres leçons du professeur ; mais on y trouve, au début de la cinquième leçon, un passage frappant qui résume bien les idées de Ruskin sur la *Renaissance* du XVe siècle. Trois passions dominantes « troublaient alors et souillaient l'Europe » :

1° Une soif ardente pour la littérature classique et le goût faux et orgueilleux créé par elle lorsqu'elle s'affirma comme l'ennemie du Christianisme.

2° L'orgueil scientifique obligeant à l'exactitude de la perspective, de l'ombre, de l'anatomie, choses auxquelles on n'avait pas songé avant.

3° Le sentiment d'erreur et d'iniquité inspiré par l'enseignement de l'Eglise chrétienne.

En un mot — 1° : l'Esprit Classique et la science littéraire ; 2° : la Médecine et les sciences physiques ; 3° la Réforme et la science religieuse. On pourrait se demander ce qu'auraient été, sans ces grandes passions corruptrices, Tintoret, Titien, Turner et Reynolds, ce que serait devenu Oxford et aussi les neuf dixièmes des propres travaux du titulaire de la chaire d'esthétique ?

La *Mesnie d'amour (Love's Meinie)* est le titre de quatre leçons professées à Oxford en 1873. Ce serait une jolie amusette de chercher à découvrir le sujet sous ce titre obscur et cent conjectures ne résoudraient pas le rebus. En fait, il s'agit des « oiseaux grecs et anglais » — le rouge-gorge, l'hirondelle et les grues ; et « Mesnie » ou *Meinie*, signifierait « plusieurs, essaim, troupe, foule ». Pour saisir pleinement le sens du mot, il faudrait recourir au Roman de la Rose, à Chaucer, à Saint François et à Saint Bernard. L'épigraphe de la première leçon est la suivante :

> « *Il était tout couvert d'oisiaulx,*
> *De rossignols et de papegaux* ».

Dans tous les cas, c'est un charmant ouvrage que l'on peut lire en même temps que l'*Oiseau* de Jules

Michelet, mais il n'y a presque pas un mot sur l'art, les artistes et les études artistiques. En dehors d'une phrase accidentelle sur les dessins d'oiseaux de Carpaccio et d'Holbein, nous ne trouvons presque rien sur les oiseaux dans l'Art mais beaucoup sur les oiseaux dans la nature. Paolo Uccelli et Antonio Pollajaolo sont condamnés comme trop savants ; Benozzo Gozzoli et les tapisseries du XVe siècle ne sont pas mentionnés et on n'y trouve rien sur Raphaël à propos de son cardinal, ses colombes et ses grues.

Il serait périlleux d'examiner la précision scientifique de l'ornithologie de Ruskin. Il dit que, dans ces deux cents pages, il se propose de donner la quintessence de quarante volumes d'ornithologie scientifique et qu'il a étudié très soigneusement toutes les principales autorités qui ont traité des oiseaux, mais son objet est surtout de parler sur ce que nous pouvons *voir* des oiseaux, des faits apparents de leur vie, telle spécialement qui l'ont connue les poètes anciens et modernes. En sa qualité de poète en prose, Ruskin a réuni tout un ensemble délicieux de pensées brillantes de les oiseaux qu'il aime autant que Saint François lui-même. Tuer les oiseaux lui paraît un crime impardonnable. L'homme maintenant occupe surtout ses loisirs à détruire des créatures dont pas une ne doit tomber sans la volonté de Notre Père

Céleste; c'est donner la meilleure définition de l'aristocratie que de dire que son affaire principale dans la vie est de tuer le plus grand nombre d'oiseaux possible. L'épitaphe fameuse de Carlyle pour le Comte Zaehdarm, dans le *Sartor* — *Centum mille perdrices plombo confecit*, « résume trop souvent l'existence entière d'un lord anglais. »

Il n'est pas question de moins de soixante-six espèces d'oiseaux dans ce petit livre ; mais sauf en passant, on n'y traite pas du chant des oiseaux, il n'y a aussi que peu de choses sur le martin-pêcheur, le cygne, le faisan et le paon. Il nous faut prendre Ruskin tel qu'il se livre à nous et, s'il préfère se confiner dans l'étude des mouvements visibles de quelques oiseaux familiers et aux allusions qu'il découvre sur eux dans les poètes, nous n'avons qu'à nous en contenter et à le remercier. Son objet est d'inciter à l'observation attentive des oiseaux dans leurs actions, leurs mouvements, leur plumage et leurs habitudes. Le plaisir qu'il trouve à observer les oiseaux, lorsqu'ils volent, qu'ils sautillent, qu'ils barbottent ou qu'ils plongent permet à son esprit de se soustraire à l'obsession que lui causent les maux sociaux et la vulgarité moderne qui pesaient si lourdement sur lui. Parfois cependant il n'y tient plus, comme lorsqu'il reproduit ce violent passage des *Modern Painters* (vol. II). « Je ne connais rien au monde de plus funeste au caractère chrétien et à l'intelligence humaine que ces maudits sports où l'homme se transforme en chat, tigre, serpent, choetedon et alligator tout à la fois et rassemble avec une cruauté continue et pour son amusement tous les stratagèmes que les animaux emploient seulement par intervalles et pour satisfaire leurs besoins. » Il répète cette violente invective contre les sports trente-cinq ans après et il ajoute que chaque heure de sa vie n'a fait que rendre plus amer le sentiment que lui inspire cette habitude de la chasse chez les soi-disant classes supérieures en France et en Angleterre, qui a transformé des chevaliers et des gentilshommes en jockeys, en spéculateurs, en usuriers et même, avec leurs battues, en bouchers... etc. ».

On ne comprendrait rien à la vie de Ruskin si on ne saisissait aussi comment ces gracieuses digressions sur les rouge-gorges et les hirondelles amènent dans son esprit cet anathème amer contre la vie moderne; on peut seulement se demander ce qu'en pensaient les jeunes gentilshommes auxquels il s'adressait et aussi quel rapport il pouvait bien y avoir avec les leçons académiques d'un professeur de Beaux-Arts. Mais il serait tout à fait vain de lire Ruskin si l'on ne sentait pas que l'art, à ses yeux, n'est que cendre et poussière s'il ne signifie pas vie et vérité. Il peut se faire aussi que quelques jeunes gens l'écoutèrent plus volontiers que ceux dont la mission spéciale était de leur prêcher l'Evangile, surtout quand il terminait sa leçon par ces mots : « Le monde habité, sur terre et sur mer, devrait être comme un vaste parc sans clôture et un lac plein de trésors dans lesquels des troupeaux d'agneaux, de daims, d'oiseaux sauvages ou de poissons seraient élevés et soignés afin que se multiplie toute *la Mesnie de l'Amour*, en force, en utilité et en paix. »

Le livre intitulé *Val d'Arno* comprend les dix leçons de 1873 sur l'art toscan jusqu'à l'époque de Dante mais il s'occupe beaucoup plus d'histoire toscane que d'art toscan. Il s'ouvre par une esquisse de la merveilleuse influence de Nicolas de Pise, qui transmit à l'Europe du Moyen Age le flambeau à demi éteint de l'art grec, puis, après quelques mots sur Jean de Pise, il passe rapidement à l'histoire de Florence et de Pise, de Manfred et de Charles d'Anjou, touchant à tout à sa manière suggestive, mystique et un peu décousue, s'étendant sur Dante, les bannières héraldiques des quartiers de la cité, les florins, les palais, les châteaux forts et l'architecture cyclopéenne. Une analyse de sa huitième leçon sur « la Franchise » donnerait un exemple typique de la manière discursive et assez confuse dont Ruskin passait d'un sujet à l'autre. La *Franchise*, naturellement, n'a rien de commun avec le privilège et le droit de suffrage ; c'est l'équivalent du mot *libertas*, non la « liberty » telle que l'entend M. John Stuart Mill, ni la « liberté » de M. Victor Hugo ; mais plutôt la suppression de toute crainte et de toute tentation, l'obéissance à la loi, la possession d'une nature vraiment royale, comme celle d'un Edouard III ou de Thésée d'Athènes.

Le professeur commence par opposer le Lion de saint Marc à Venise à celui de Nicolas de Pise, c'est-à-dire le Byzantin et le Gothique ; le caractère de l'art grec est d'être pieux, celui de l'art gothique, d'être profane ; ce sont les Byzantins qui régentèrent la licence normande. Thésée est un roi des pieds à la tête aussi bien qu'Edouard III ; la fonction d'un roi grec est de commander le travail, celle d'un roi gothique, de réprimer la fureur. La loi grecque est la *Stase*, la loi gothique l'*Ex-Stase*. Thésée et Edouard sont des guerriers, comme nous le savons, mais ils sont aussi des théologiens, des rois didactiques, ou mieux des philologues, des amis du Verbe par lequel les cieux et la terre ont été créés. Le lion byzantin descend en droite ligne du lion de Némée ; Thésée devient un saint Athanase. Si un oiseau ne vole qu'en vertu d'une loi, si un cricket ne chante que sous l'impulsion de la chaleur, peut-être bien aussi que la position d'un canot de course sur la rivière dépend de la loi et que le *Dies iræ* sera annoncé par une sirène à vapeur ? Les feuilles de papier employées par la presse en une seule année pourraient suffire à envelopper le monde. Lisez cinquante-deux vers du *Village abandonné*. L'art grec est symbolique, l'art gothique est littéral. Turner appartenait à l'école grecque ; ses nuages rouges sont des signes de mort. La « Diana Vernon » de Sir Walter Scott est un symbole de *Franchise* — « ver non semper viret », — « Ce qu'est Diana Vernon par rapport à une ballerine française qui danse le cancan, « la *libertas* » de Chartres et de Westminster l'est à la *Liberté*, d'après Victor Hugo et John Stuart Mill ».

Tout cela est exprimé en un anglais pur et limpide, incisif et mélodieux, avec des traits surprenants, des vues profondes et des sarcasmes, mais il est en somme difficile de voir à quoi cela aboutit, à moins d'y reconnaître une attaque chagrine contre ce que nous appelons le libéralisme et la science. Il est aussi bien difficile de voir comment tout cela pouvait faire avancer l'étude des Beaux-Arts, à moins que ce ne soit par quelques phrases accidentelles sur la sculpture et la peinture. L'incohérence des idées successives est poussée à un point qui frise le non sens. Chaque phrase séparée a bien une signification, même quand elle est tout simplement mystique et fantaisiste ; on peut même dire que les phrases présentent quelquefois un sens profond et renferment de hautes vérités, mais elles éclatent l'une après l'autre avec une inconséquence digne du fameux repas de noces des Joblillies et du Grand Panjandrum lui-même. Leur lecture fait songer à ces tableaux kaléidoscopiques qui se succèdent dans un rêve où chaque incident n'a de relation ni avec celui qui précède ni avec celui qui suit. Il n'est que trop évident que, à cette époque, le système nerveux du Professeur, tendu à l'excès et excité d'une manière maladive, surmenait son cerveau et conduisait ce beau génie à un inévitable écroulement.

Tel est, en somme, le caractère des dernières leçons d'Oxford : l'incohérence était allée en augmentant, et il ne put jamais s'assujettir à confiner son cours à l'étude et à l'enseignement de l'art. Il faut qu'il soit moraliste, philosophe, législateur, prophète — ou rien du tout. S'il enseigna le dessin, c'est seulement pour montrer comment il doit être une école de vérité, de travail et d'obéissance. S'il parle des peintres, c'est seulement pour montrer à quel point les grands artistes furent indépendants de la science, comment on n'est pas un peintre si l'on n'est pas un homme loyal, sincère et foncièrement religieux. Si hétérodoxe et si originale que soit sa science, elle nous donne parfois l'intuition de la vérité scientifique, comme celle qui nous frappe souvent dans la poésie de Shakespeare ou de Gœthe.

En dépit de l'insuffisance et du manque de suite de son savoir comme homme d'étude, nous sommes continuellement frappés, dans les leçons d'Oxford, de l'immense étendue de ses lectures, de la subtilité de ses commentaires et de la force sympathique avec laquelle il a pénétré l'âme cachée de tant d'écrivains classiques en prose ou en vers, romains ou grecs. Aucun de ceux qui ont enseigné la poésie ou la philosophie grecques n'ont touché d'une aussi puissante baguette magique tant d'inimitables passages d'Homère, d'Hésiode, d'Eschyle, de Pindare, d'Aristophane, de Platon, d'Aristote, de Xénophon, de Lucien ou bien de Virgile, d'Horace et de Catulle. Le titulaire du Cours d'Esthétique n'a peut-être pas appris grand chose à ses élèves sur les Beaux-Arts, mais il a donné aux plus lourds d'esprit, aux plus dénués d'imagination des idées nouvelles sur le rôle de l'Art dans la Vie, un plus haut idéal pour l'Art comme pour la Vie et il a fait comprendre à tous le sens exact de l'Art, si on l'élève au-dessus de la médiocrité et de l'esprit mercantile où il est trop souvent enlizé. Parfois, quand il consent à parler d'art, ses jugements sur les peintres et la peinture, en faisant la part du paradoxe, sont d'une merveilleuse pénétration;

lorsqu'il insiste par exemple sur ce fait que Turner était un Grec. Et quand il ne songe pas du tout à l'art, il a souvent des passages d'un pathétique profond et d'une exquise beauté. Ses paradoxes stupéfiants, malgré toutes leurs inconséquences, furent du moins pour l'esprit de ses auditeurs un puissant stimulant et leur apprirent des choses que les moyens conventionnels auraient été impuissants à leur enseigner. Enfin, si le professeur du cours d'Esthétique n'enseigna l'art qu'en laissant pour ainsi dire tomber des miettes du banquet de satire passionné où se nourrissait son esprit, au moins insinua-t-il profondément dans l'âme de quelques hommes d'élite l'idéal d'un monde meilleur et l'ardent désir de travailler à son avènement.

CHAPITRE XI

L'ŒUVRE ET L'INFLUENCE DE RUSKIN A OXFORD

Les leçons que nous venons d'analyser et que nous possédons maintenant sous la forme d'une dizaine de jolis volumes, tout remplis de propos difficiles à saisir pour qui n'est pas un Ruskinien ésotérique, ne représentent pas l'œuvre entière de Ruskin à Oxford et n'en sont peut-être même pas la partie la meilleure et la plus importante. Tout ce qu'il a dit ou fait à Oxford, soit du haut de la chaire, soit dans son école de dessin, dans les chambres du collège ou dans les localités environnantes, attira plus d'attention et exerça une influence plus grande que celle de n'importe quel professeur d'université, à cette époque. Il fonda un musée d'art, organisa une école de dessin, forma des équipes de travailleurs et de touristes, groupa autour de lui les étudiants, stimulant leur zèle, prodiguant les avis et les remontrances plus que ne le firent jamais un Abélard ou un Roger Bacon dans une université du Moyen Age, ou un John Wesley et un John Henry Newman dans la société religieuse. Il forma à son école un certain nombre de dessinateurs de profession ; il donna un nouvel essor à l'activité intellectuelle d'Oxford et exerça une impression profonde sur l'esprit de quelques hommes qui ont marqué depuis dans la littérature, tels que Arnold Toynbee, W. H. Mallock, E. T. Cook, W. G. Collingwood et bien d'autres.

Lorsqu'il ouvrit son cours en février 1870, l'affluence fut telle qu'il fallut le *Sheldonian Theatre* pour la contenir et, quoique les élèves n'eussent pas l'habitude de suivre les leçons aux heures où il donnait les siennes, qui étaient celles des repas, ils furent presque toujours aussi nombreux jusqu'à la fin en 1883. Cette ardeur venait un peu de la curiosité qu'éveillent toujours des leçons sur des sujets aussi variés. Il y avait dans ce qu'il disait bien des choses inintelligibles pour quelques-uns de ceux qui venaient là pour s'instruire sérieusement, mais ne sait-on pas que le réel profit d'une conférence consiste ordinairement dans la semence féconde qui a la chance de tomber sur un sol approprié provient avant tout des sympathies personnelles que le maître peut inspirer. Les leçons de Ruskin lançaient à pleines mains des semences fécondes et sa personne avait une influence magnétique qui ne fut pas surpassée de son temps. Il en résulte que l'on ne peut estimer à sa juste valeur sa carrière de professeur d'esthétique par la seule lecture de ses livres ; ceux-ci, privés de l'agrément de sa parole et des exemples qui l'accompagnaient nous paraissent, avec leurs idées sans cohésion, peu convaincants et presque informes.

Dès le début, Ruskin considéra son cours comme constituant seulement une partie de sa tâche. Il entreprit, presque immédiatement, d'organiser une école de dessin, non avec l'intention de former des dessinateurs industriels ou des fabricants de modèles, ni des artistes de profession, mais pour donner quelque connaissance pratique de l'histoire de l'art et des méthodes des maîtres, par-dessus tout, pour exercer les yeux et l'esprit à une patiente et minutieuse observation de la nature. Dans ce but, il fit don à l'école d'une collection de dessins de Turner, de quelques œuvres de Rossetti, de Holman Hunt, de Burne-Jones et de lui-même ainsi que de plusieurs tableaux du Tintoret, de Luini et d'autres maîtres auxquels il ajouta encore des gravures et des moulages. Ainsi de ses propres deniers et par son effort personnel, il créa un musée qui devait être le noyau d'une école de dessin en rapport avec lui. Cette école n'eut qu'un succès restreint ; ce n'était pas une institution pouvant aisément fonctionner à côté des habitudes et avec les règlements académiques. Depuis le commencement jusqu'à la fin, le but poursuivi ne fut pas de faire des élèves d'Oxford des artistes, mais de les mettre à même de comprendre ce que l'Art leur peut enseigner dans ses relations avec la Nature et la Vie humaine.

Non content de créer avec une telle munificence son école de dessin, il se fit l'ami personnel, le guide et le tuteur des étudiants qui se groupaient autour de lui. Comme il le disait lui-même un peu tristement mais avec assez de vérité, les auditeurs viennent à une conférence « surtout pour être émus pendant une heure et, si possible, amusés ; pour profiter des connaissances qui ont coûté à un homme la moitié de sa vie, qu'il a d'abord édulcorées et rendues agréables au goût, pétries et roulées ensuite en pilules aussi petites que possible, pour les faire avaler à dose homéopathique — et être ainsi rendus plus sages... Quel métier ! Un commentaire bien vivant donné à une classe d'élèves sur un ouvrage qu'ils lisent avec ardeur — voilà l'espèce de leçon qui sera toujours utile et salutaire ».

C'est ainsi qu'il groupait les hommes autour de lui et les forçait à lire. Il créa une bibliothèque des meilleurs livres destinés aux lectures populaires qu'il appela *Bibliotheca Pastorum* ; c'était exactement l'idée de la *Librairie Positiviste* de Comte et aussi celle des *Cent meilleurs livres* de sir John Lubbock. Ruskin voulut débuter par les *Economiques* de Xénophon, un livre excellent, trop oublié, qu'il engagea deux de ses élèves à traduire. On lui donna le titre de « membre honoraire » du *Corpus College*, et celui d' « étudiant honoraire » de *Christ Church* ; le Corpus College lui assigna même un appartement où il fit placer son grand Titien, son Raphaël, ses Turner et le Napoléon de Meissonier ; il y tint presque maison ouverte pour ses amis, travaillant, causant, montrant avec joie ses trésors et ses modèles ; c'est là aussi qu'il réunissait chaque semaine ses intimes à déjeuner, et nuit et jour, autour de la table, ou devisait des choses divines et humaines.

Un des incidents dont on parla le plus mais qui n'eut qu'un piètre résultat, fut certain projet d'améliorer une portion de route près d'Hinksley, aux environs d'Oxford. Ruskin avait toujours recommandé la valeur pratique d'un travail manuel utile comme partie d'une éducation intégrale — c'était le viel évangile monacal du *laborare est orare*, la vieille histoire de Cincinatus à la charrue, un ressouvenir de l'ancienne vénération des Grecs pour l'agriculture, c'était aussi l'idée que l'on trouve exprimée dans son *Aratra Pentelici*. Il engagea donc ses jeunes élèves à laisser pour un temps leurs rames et leurs raquettes pour devenir « des soldats de la charrue » en réparant un chemin d'exploitation, auquel personne ne touchait. Le professeur se procura tout un stock de pioches et de pelles, envoya son jardinier pour en montrer l'usage et se mit lui-même bravement à la besogne. On trouva cela un peu don quichottesque, on en rit beaucoup, d'autant plus que la réfection de la route fut un insuccès aux yeux des hommes du métier.

Mais il y avait dans cet incident plus de choses que l'on en pouvait pressentir à première vue. Il montra à un certain nombre de jeunes gens combien ils étaient inférieurs à un terrassier de force moyenne, faisant une journée moyenne de travail, mais il aurait pu apprendre aussi au professeur lui-même, s'il n'avait pas été sourd à tout enseignement, que les arts et les sciences ne sauraient être improvisés *de novo* par un simple amateur, quelque ardent que soit son enthousiasme, quelque honnête que soit son but. Néanmoins, l'esprit qui poussait à améliorer le chemin d'Hinksey devait pénétrer profondément chez ceux qui voulaient le comprendre. « Je vous dis », — c'est ainsi que Ruskin s'exprimait un jour à Oxford, — « je vous dis que l'Angleterre n'aura jamais ni art pur, ni saine politique, ni vraie religion tant que, négligeant, si cela est possible, et vos parcs et vos lieux de plaisir, vous ne déciderez pas que les rues qui sont la demeure des pauvres, et les champs, les lieux de récréation de leurs enfants, seront ramenés sous la loi de ces esprits qui, quels qu'ils soient, au ciel ou sur la terre, ordonnent, et récompensent d'un bonheur constant et conscient, tout ce qui est décent, ordonné, beau et pur ». M. E. T. Cook, qui fut lui-même un de ces étudiants, nous a dit comment c'est la force même de cette vérité qui conduisit peu après à l'œuvre de Toynbee dans l'East End et aux différents établissements universitaires qui en découlèrent. Tout cela était sans doute bien à côté de ce qui avait été le but du fondateur de la chaire des Beaux-Arts, mais il y avait là quelque chose que bien peu de professeurs de faculté auraient jamais pu tenter et que peu auraient pu atteindre.

Le troisième terme du professorat fut interrompu par le mauvais état de sa santé, par des chagrins profonds et des troubles cérébraux et, après neuf années passées à Oxford, Ruskin donna sa démission. Trois ans après, sa santé parut améliorée et, en mars 1883, il commença une série de leçons sur l'*Art Anglais* et, l'année suivante, une autre sur *les Plaisirs de l'Angleterre* ; mais sa perpétuelle tension d'esprit et l'irritabilité croissante de son système nerveux vinrent souvent troubler ces dernières. Il avait toujours regardé comme sa mission propre d'attaquer et de ridiculiser la science moderne, au moins la forme moderne de l'enseignement scientifique, et cela au nom de la morale, de l'art et de la religion réunis. C'était, chez lui, d'un côté, l'antipathie de tout philosophe synthétique pour la spécialisation pédantesque du moment, d'un autre côté c'était l'espèce d'horreur religieuse que lui inspiraient les idées matérialistes et évolutionistes telles qu'il les comprenait dans les ouvrages de Darwin, d'Herbert Spencer, du professeur Huxley et du Dr Haeckel ; mais c'était surtout cette tournure d'esprit qui faisait dénoncer Abélard par Saint Bernard et qui déterminait l'Inquisition à persécuter Giordano Bruno et Galilée. La proposition d'établir à Oxford un laboratoire de physiologie où il pressentait la pratique de la vivisection, provoqua en lui une violente indignation et quand elle fut votée, au mois de décembre 1884, il se retira brusquement et quitta définitivement Oxford.

Les six leçons de 1883 réunies sous le titre de l'*Art d'Angleterre* sont, à plusieurs points de vue, les plus étroitement consacrées à la critique de l'art et des artistes et les moins surchargées de morale sociale. Elles forment une sorte de continuation des *Modern Painters* et elles se distinguent par les mêmes admirations passionnées et les mêmes dénigrements systématiques. Le nom de Gabriel Rossetti doit être, suivant lui, placé au premier rang de ceux qui ont élevé et modifié l'esprit de l'art moderne. Il fut la principale force intellectuelle qui contribua à l'établissement d'une école romantique moderne en Angleterre. Rossetti est « le plus grand des disciples de Tennyson » ; mais, Holman Hunt, dans ses peintures religieuses est encore plus grand sous le rapport de la sincérité et de la vérité matérielle. Son tableau de « la Fuite en Egypte », promet d'être la plus grande peinture religieuse de notre temps. Le professeur présenta alors à ses auditeurs des dessins exécutés par deux dames américaines et deux jeunes Italiens, « plus utiles et plus digne de servir de modèles que tout ce qu'il a pu trouver jusqu'à présent ». Cet éloge tout lyrique, au moins en ce qui concerne les deux Italiens, n'a point été ratifié par le public. Et la leçon se terminait par une invocation religieuse ne différant des meilleurs sermons prononcés en chaire que par la parfaite simplicité de la pensée et la musique exquise des mots.

Burne-Jones et G. F. Watts firent l'objet de la deuxième leçon. La principale vertu de l'école Préraphaélite consistait dans son effort pour concevoir les choses telles qu'elles sont, « pour les penser et les sentir extrinsèquement » ; le « Caller Herrin » de Millais en est un noble spécimen. Burne-

Jones, mieux que n'importe quel artiste européen du temps, possède à fond la mythologie de la Grèce et du Nord. Le professeur examine alors, d'une façon subtile et raffinée, tous les éléments et toutes les conditions de l'art d'imagination. Burne-Jones, dit-il, est un apôtre du clair-obscur, tandis que Rossetti conçoit tout en couleur, le premier préfère « les sujets qui font appel à l'intelligence et au cœur à travers la complication et la délicatesse des lignes, l'ombre et l'éclat alternatifs d'une lumière fantastique ». Sur M. Watts, le Professeur ne dit pas grand'chose, si ce n'est qu'il semble avoir été hanté du désir de faire une œuvre de tous points parfaite. Sa constante recherche des plus hauts exemples du Grand Art, sa sensibilité, sa délicatesse, sa largeur de vue ont placé Watts parmi les peintres de la grande époque athénienne, ceux dont parle Platon dans le sixième livre des *Lois* ; mais comme aucune des œuvres de ces peintres d'Athènes ne nous a été conservée, la comparaison semble assez difficile à suivre. Ce qui ressort de tout cela, c'est que M. Watts paraît toujours s'efforcer de rendre les choses « plus belles et plus évidentes » et c'est là en effet la tendance des artistes les plus sérieux et les plus consciencieux.

La troisième leçon qui est, à certains points de vue, la plus caractéristique de la manière de Ruskin, demande une analyse plus minutieuse. Elle a pour titre : « Les Ecoles Classiques de Peinture — *Sir F. Leighton et Alma Tadema* ». Sur quarante pages in-quarto, deux sont consacrées à Leighton, à peu près autant à Alma Tadema ; le reste, environ trente-cinq pages, traite de sujets variés n'ayant aucun rapport avec ces peintres. Elle s'ouvre par un vers d'Horace et un éloge des portraits de W. Richemond qui « dominent et couronnent la splendeur générale de la Grosvenor Gallery ». Il entend par « Art classique » l'antithèse de l'art gothique et il signale Leighton et Alma Tadema comme de bons représentants de « l'esprit classique ». Les Grecs étaient passés maîtres dans la reproduction du corps humain ; les nations du Nord n'atteignirent que lentement et imparfaitement à cette habileté. Il produit des fac-simile de lettres manuscrites et enluminées du Mont Cassin et les compare à des copies des fresques de Pompéi ; celles-ci sont évidemment l'œuvre d'une nation touchée par la mort. On ne doit étudier l'art grec que pendant la période qui s'étend des temps Homériques à Marathon, et voici par conséquent exclus Phidias et le Parthénon. L'art gothique ne sera étudié, en Angleterre, que du roi Alfred au Prince Noir ; en France, de Clovis à saint Louis. L'union du Grec et du Gothique se trouve en justes proportions dans Nicolas de Pise, et se

maintient à partir de cette époque jusqu'à Pérugin
et Sandro Botticelli. C'est delà que date une période de décadence pour toutes les nations de
l'Europe ; (mais alors que faites-vous donc de Raphaël, du Titien, du Tintoret et de Léonard ?) Enfin de ces cendres mal éteintes une flamme s'élance
qui touche Rubens et Vandyke et va aux grands
représentants de l'art anglais avec Sir Joshua
Reynolds et Gainsborough. Il est alors beaucoup
question de ces deux peintres, les plus grands et
les plus anglais de tous. Quelle figure feraient
leurs modèles peints à la manière classique avec
des costumes étriqués ? « Le charme de toutes ces
peintures est en grande partie une question de
toilette». Luca della Robbia réunit l'école gothique
à l'école classique. Une petite fille de trois ans
entrant un jour dans la chambre du Professeur,
y vit un enfant Jésus de Luca et se précipita pour
l'embrasser. Les fresques de Botticelli au Louvre
sont des types similaires de peinture. A Venise,
le professeur put aussi copier les tableaux de
sainte Ursule à l'Académie. Le portrait fut la ruine
de l'art grec; la supériorité réelle de l'art gothique
est dans le portrait. Le « George Guysen » d'Holbein à Berlin est un portrait parfait et il en est de
même du portrait de la Tribune de Florence qu'on
croyait être de Raphaël mais qui est en réalité
d'un maître beaucoup plus soigneux. Il fait aussi

grand cas des portraits de M. Stacy Marks et surtout de ses « Trois Joyeux Postillons » et de son « Jack Cade ».

En tout, vingt pages, avant qu'il soit question de Leighton ! Celui-ci a vraiment en lui du gothique, car il peint les petites filles avec une douceur et un charme qui lui sont particuliers et jamais les classiques n'ont peint de petites filles. Le Professeur ne se reconnaît pas le droit de parler des tentatives plus élevées de Leighton « qui furent le résultat de son observation pénétrante et de ses études enthousiastes du corps humain », choses qui n'inspiraient à Ruskin qu'une médiocre sympathie. De tous nos maîtres actuels, Leighton est celui qui se plaît le plus aux colorations doucement fondues et « son idéal de beauté est plus près du Corrège qu'aucun de ceux qui vinrent après », car il en a toute la *vaghezza*. Après ce compliment de pure forme adressé au président de la Royal Academy et quelques éloges ambigus sur sa « corregiosité, et sur sa *vaghezza*, Sir Frederick disparaît complètement de la leçon.

Quant à Alma Tadema, tout en admettant son étonnante technique, l'exactitude et la minutie de son dessin, le Professeur met ses auditeurs en garde contre son amour du froid crépuscule au lieu de la chaude lumière du soleil. Il semble que ce soit exactement le contraire de ce qu'il faudrait dire.

Apprenez par cœur, dit-il, les sept vers de l'*Iliade* où l'on nous montre Achille sur les remparts et Minerve l'enveloppant d'un nuage de feu. Les Grecs associaient la lumière et les nuées à leurs terribles mystères, de même que la devise de l'Université est *Dominus Illuminatio*. Eh bien, dit Ruskin, tous les tableaux romains d'Alma Tadema sont dans une sorte de crépuscule (?) Voilà qui est étrange ! Celui qui est intitulé « La danse Pyrrhique » ressemble à un groupe d'escarbots poursuivant un rat mort. Où est la danse pyrrhique ? « Voilà donc la vie classique telle que se la représente votre fantaisiste XIXe siècle, la voilà sous ce déguisement fuligineux pareil à un vol de cantharides ». Voilà ce qu'est M. Alma Tadema comme représentant de l'art classique ! Cette prétention d'études classiques n'est que « le poison de la renaissance qui se continue ».

Après avoir ainsi pris congé d'Alma Tadema comme de Leighton, le professeur passe à d'autres sujets. Une chose de beauté est une *Loi* pour toujours, — que ce soit une *Joie* ce n'est pas certain. La beauté grecque vient des lois de Lycurgue, celle de Rome des lois de Numa, la notre des lois du Christ. — Ecoutez l'histoire d'une jeune toscane, Béatrice ; elle était fille d'un maçon de Melo ; sa beauté, la grâce de son chant la firent épouser par un riche fermier. Le livre de Miss

Alexander sur les chants populaires de Toscane a une grande valeur. Le Gué (Ford) du beuf (Ox) ici, à *Oxford*, est un baptême et aussi un gué, et ses eaux comme son sable sont saints. Votre tâche est de le *traverser*, bâton en main ; de l'autre côté est la Terre Promise, la terre de Leal, que vous aborderez, quand vous aurez subi avec succès vos examens.

Cette façon cavalière d'éconduire avec un salut hors de la lice de l'art des hommes comme Leighton et Alma Tadema, dont la science, l'immense labeur, l'art consommé et la grâce sont familiers à l'Europe entière, nous frappe d'autant plus désagréablement qu'elle est suivie d'éloges enthousiastes de Mrs Allingham et de Kate Greenaway, de Leech, Du Maurier, Tenniel, Robson et Copley Fielding. Personne ne marchande sa sympathie aux œuvres charmantes que tous ces artistes nous ont données ; et Ruskin, dans sa passion pour l'*enfantillage*, a vraiment devancé le jugement du monde sur les adorables enfants de Miss Greenaway. Mais tomber en ravissement devant des vignettes pour livres d'étrennes ou les gravures sur bois du Punch, tandis qu'on renvoie aux limbes avec des compliments suspects, des hommes comme Leighton et Alma Tadema, et qu'on les représente comme personnifiant le « poison de la renaissance, et « la fuligineuse déformation » du xixᵉ siècle, voilà un bien triste exemple de fanatisme et de radotage. Leighton est passé sous silence parce que ses études sout du « genre classique », et c'est précisément ce qu'on a loué, fort justement d'ailleurs, chez Watts. Alma Tadema est un exemple de la « fuligineuse déformation » fille de la renaissance, parce qu'il aime le crépuscule, et c'est ce que l'on a précisément admiré chez Burne-Jones pour sa recherche « de l'ombre et de l'éclat d'une lumière fantastique » quel que soit d'ailleurs le sens de ces mots. Ruskin a un goût trop fin et aussi trop de sincérité pour ne pas reconnaître les dons splendides de ces deux maîtres de « l'àrt classique », mais il le fait sans bonne grâce et il en vient à les condamner tous les deux, parce qu'ils n'ont point été touchés de son propre sentiment religieux. Il nous fait ainsi songer à quelque moine fanatique de Naples ou de Séville dénonçant « la Révolution ». Il y a ici de sa part une offense non pas tant contre le goût et la raison, que contre la morale et la justice, une offense qu'aucun artifice de jugement, qu'aucune beauté de la langue ne sauraient atténuer et que l'imminence d'une maladie cérébrale peut même difficilement excuser. Il n'y a pas la moindre perversité dans toute l'œuvre de Leighton et d'Alma Tadema, même en admettant que leur méthode soit limitée et imparfaite. Les accuser d'être des « marchands de poison et de choses honteuses » parce que leurs idées sur la beauté avaient été formées d'après l'antique et non d'après la Bible et le Moyen Age vient d'une aberration morale encore plus qu'esthétique.

Ce furent ces injustices violentes, ces incessantes contradictions et ce manque de suite dans les idées, — qui allèrent en augmentant pendant cette période troublée de la vie de Ruskin (1871-1886), — qui lui aliénèrent les hommes sérieux et d'esprit rassis. Etre « une voix criant dans le désert » c'était assez légitime de la part d'hommes qui, comme Coleridge et Shelley, Carlyle et Tolstoï ont voulu regarder en face la misère humaine ; mais un professeur de Beaux-Arts dans une Université a des devoirs plus précis, puisqu'il a accepté une tâche déterminée au milieu d'un corps organisé de maîtres de la jeunesse. Se servir de la peinture et des artistes comme d'un prétexte pour une propagande religieuse et métaphysique de son cru, dénoncer et tourner en ridicule ses collègues, en raison de la spécialisation de leurs études, transformer la chaire d'université qui lui est confiée en une tribune pour prêcher je ne sais quel néochristianisme ou paléo-catholicisme, voilà qui était déloyal vis-à-vis des fondateurs et des directeurs de l'œuvre dont il avait accepté le titre et les fonctions. Et cela l'était encore plus, de la part d'un homme qui se tenait en dehors de toute confession, qui n'avait pas de disciples de sa foi et qui repoussait tout dogme, toute formule et toute communion.

La fin de tout ceci ne pouvait être qu'infiniment triste. « Que suis-je donc, dit-il en 1875 (*Fors*, Lettre LVIII), infirme et vieux, pour prétendre conduire le monde ? Moi qui n'ai trouvé personne en Angleterre et en Europe qui voulût de mon enseignement ! Tel que je suis et, autant que je puis concevoir, à mon grand étonnement, je me vois seul et solitaire, seul dans ma foi, mon espérance et ma résolution au milieu de ce désert du monde moderne. J'ai été élevé dans le luxe et je sens combien cela était injuste pour les autres et funeste pour moi-même ; j'ai été vacillant, stupide et j'ai misérablement échoué dans la conduite de ma vie ; j'ai été comme une feuille désespérément poussée par l'orage des passions ; et pourtant, moi l'homme bien mis, moi, le roseau sans cesse agité par le vent, j'ai un message à remplir vis-à-vis de ceux qui ont encore confiance en moi. Regardez ! la cognée est à la racine de l'arbre ; tout arbre stérile sera abattu et jeté au feu ».

Des paroles aussi poignantes, des reproches aussi sincères, de tels actes d'humiliation, furent-ils jamais proférés par un homme de facultés aussi brillantes et dont la vie avait été à ce point consacrée aux causes généreuses et aux nobles idées ? Certes, les mêmes paroles n'ont peut-être pas été proférées, mais un désespoir tout pareil a dû être ressenti par les prêcheurs, les réformateurs et les prophètes de l'ancien temps, comme de tous les temps — par Job, David et Isaïe, par Saint Jean-Baptiste et Saint François, par Savonarole et George Fox, par Tolstoï et Mazzini. *Lama Sabachthani* est souvent le cri suprême de ceux dont l'existence semble s'abimer dans un échec ignominieux, mais dont les gémissements ont gardé la force et la vie longtemps après qu'ils ont disparu.

CHAPITRE XII

MALADIE — DÉSAPPOINTEMENT — RETRAITE.

Pour comprendre la nature et le développement de l'esprit de Ruskin, il est essentiel de se rappeler combien furent fréquentes les attaques de la maladie dont il souffrait et combien elles influèrent sur ses derniers travaux littéraires. L'histoire de ses leçons d'Oxford offre un triste témoignage de la manière dont sa faiblesse physique réagissait sur son équilibre mental. Il était né avec une organisation nerveuse d'une extrême délicatesse et aussi d'une singulière élasticité. C'était la combinaison de la vitalité ancestrale avec une sensibilité intense aux chocs extérieurs et aux impressions mentales. Voilà comment cet homme qui vécut quatre-vingt-un ans (moins quelques jours), qui avait été, pendant plus de soixante ans, un voyageur infatigable, qui a écrit plus de livres qu'aucun auteur de son temps, fut presque toute sa vie, abattu par la maladie et, pendant des années successives, incapable d'aucun travail suivi.

Ses mémoires et ceux de ses intimes rappellent ses incessantes indispositions. A l'âge de huit ou neuf ans, à Dunkeld, un refroidissement brusque contracté en cueillant des digitales le long d'une rivière, mit en danger les jours de l'enfant. Il semble avoir eu encore, vers l'âge de dix ans, une maladie qui causa de graves inquiétudes à ses parents. A seize ans, il fut atteint de pleurésie et en danger pendant trois ou quatre jours ; il fut sauvé par sa mère et par un médecin qui s'opposèrent au traitement meurtrier par les saignées que les autres voulaient appliquer. A l'âge de vingt et un ans, son précoce désappointement dans son amour pour Adèle Domecq le réduisit à un tel état de dépression qu'il en résulta une hémorragie alarmante. Sa carrière universitaire fut soudainement interrompue, et nous savons que « pendant près de deux années, on le conduisit de place en place, de médecin en médecin, à la recherche de la santé ». Dans ses voyages, il contracta fréquemment la fièvre en Italie ou sur les Alpes. Immédiatement après son mariage (10 avril 1848) il eut une autre attaque du côté du poumon et, après une rechute, sa convalescence dura jusqu'en août. L'année suivante, en Suisse, il fut pris d'une d'esquinancie qui causa de vives alarmes à ses parents. Enfin, vers la quarantième année, lorsqu'il abandonna ses études d'art pour se consacrer aux problèmes sociaux, une mélancolie profonde, causée par ses rêveries sur les malheurs du temps, s'empara de lui pour ne plus le quitter.

Désormais, il vécut le plus souvent seul ou dans une méditation silencieuse pendant plusieurs années. En 1862, il écrit de Suisse : « La solitude est vraiment complète ». « Je ne me trouve pas encore bien, balloté que je suis entre le désir d'une existence tranquille et agréable et l'appel effrayant que poussent vers moi le crime des hommes que je veux abattre, la misère des hommes que je veux soulager ». « Cela ressemble pour moi à la voix d'une rivière de sang qui m'entraîne, désespérément au milieu de ses noirs caillots ». C'est alors que survint la mort de son père et, quelques années après, celle de sa mère ; l'ancien foyer se trouva ainsi brisé. Les années 1870 et 1871, pendant la grande guerre européenne, lui apportèrent des chagrins profonds en raison des malheurs publics. Durant l'été de 1871, il fut pris de cette violente inflammation interne qui mit ses jours en danger et qui donna tant d'inquiétude à ses amis, ainsi que l'indique une lettre caractéristique de Carlyle : « Nous avons été à votre sujet dans un état à faire vraiment pitié jusqu'à ce que les journaux, pris de compassion, nous aient annoncé que tout danger immédiat était écarté. »

C'est une pénible histoire à raconter ; mais on ne pourrait se former une conception exacte de l'œuvre de Ruskin sans connaître quelque peu les afflictions physiques et morales qu'il eut à supporter pendant les trente dernières années de sa vie. Les détails en ont été rendus publics par ses plus dévoués admirateurs et ses plus intimes amis tels que M. R. T. Cook, M. Spielmann, M. Collingwood et autres, et des Français, comme M. de la Sizeranne et M. Jacques Bardoux en ont parlé en termes délicats. Il n'y a pas eu de plus affectueux et de plus fidèle témoin que M. E. T. Cook, l'éditeur autorisé de la collection des œuvres de Ruskin et l'auteur de l'excellent article du *Dictionnaire de Biographie Nationale*. Il nous raconte le surmenage cérébral et les désappointements successifs qui contribuèrent à altérer la santé de Ruskin dès son professorat d'Oxford, en 1870 : c'était des lettres continuelles à la presse sur les incidents publics, des controverses et des attaques violentes sur toutes sortes de sujet et avec toute espèce de personnes. « Il était, écrit M. Cook, comme la conscience vivante du monde moderne, il sentait avec une acuité sans pareille les maux des uns et les méchancetés des autres. Jamais son cœur débordant de sensibilité n'avait pu se soustraire à ces chagrins. *Le pauvre enfant, il ne sait pas vivre,* tel était le verdict de son guide suisse. Dans un autre siècle, il aurait pu être un saint ; dans le sien, il donna, sans compter, sa vie, son temps et sa fortune, pour essayer d'éclairer et d'ennoblir la vie des autres... « Ce n'est pas mon labeur qui me rend fou, dit-il quelque part, c'est le sentiment de son inutilité ». Une âme d'une telle sensibilité, agitée par des sympathies si ardentes et des regrets si violents, dans un corps sans cesse en proie aux maladies, un esprit si solitaire et si dédaigneux de l'assistance d'autrui étaient bien marqués d'avance par la destinée pour une cruelle abolition de tout contrôle mental.

Et à ce surmenage cérébral vint s'ajouter un chagrin privé. Le vieillard de soixante-dix ans a touché dans ses souvenirs quelques mots de cette histoire (*Præterita*, III, 51). En 1858, — il avait alors près de quarante ans et son mariage était rompu, — lorsqu'une dame lui demanda de venir enseigner les premiers éléments du dessin à ses deux filles et à son fils. Il accepta. « Rosie », la plus jeune, une enfant de neuf ans, sortit de la nursery, le regarda fixement et le trouva très laid, « elle lui donna la main à peu près comme un bon chien donne la patte ». C'était une jolie petite fille aux yeux bleus, avec une bouche charmante, de beaux cheveux, tout épanouie, pas mal impertinente et fort intelligente. Elle avait surnommé sa gouvernante « *Bun* » (Gâteau), et le professeur de dessin devint « M. Crumpet » « ensuite saint Crumpet » ou « saint C. » ; puis quand ils étudièrent ensemble la géologie et les races éteintes, « Archegosaurus ». L'année suivante, la famille s'intalla à Florence et Rosie écrivit de là à son « Cher saint Crumpet » des lettres qu'elle signait « votre rose pour toujours », ainsi qu'il est dit dans *Præterita* ; c'était là évidemment une bien maligne petite fille pour dix ans.

Les années s'écoulèrent. John Ruskin entretint toute sa vie des amitiés romanesques avec des jeunes filles et des enfants, comme il le dit lui-même très franchement et avec une naïveté charmante dans plus d'un de ses écrits. Mais où et comment il retrouva la petite « Rosie », il ne nous en apprend rien, si ce n'est que, dix ans plus tard (il touchait alors à la cinquantaine), il eut « de paradisiaques promenades » avec elle, dans sa résidence du Surrey qu'elle-même appelait son « Eden » (*Præterita*, III, 85). Nous savons par M. Cook, que la jeune fille s'appelait Rose La Touche, qu'elle était Irlandaise et qu'il finit par lui demander de l'épouser. Elle hésita, bien qu'elle lui fût profondément attachée ; elle appartenait en effet à une secte évangélique fort sévère. « Un petit ouvrage en prose et en vers qui parut d'elle en 1870 est l'expression d'un caractère profondément religieux, mais aussi d'un tempérament maladif ». Elle se trouva choquée du ton latitudinaire de *Fors*. « Elle ne pouvait s'unir décemment à un libre-penseur. L'alternative était simple à ses yeux, la décision fut cruelle ; mais, après avoir aperçu sa voie, elle s'éloigna résolument ». (Collingwood, p. 299).

Ce fut en 1872 qu'elle refusa définitivement de devenir sa femme ; elle avait vingt-quatre ans et lui cinquante-trois ; ils se séparèrent pour toujours. Elle tomba malade et elle était évidemment en danger de mort, lorsque trois ans plus tard, il lui écrivit pour lui demander de la revoir encore une fois. Pour toute réponse, elle lui demanda s'il pouvait affirmer qu'il aimait Dieu plus qu'elle. Il ne put dire oui ; elle refusa de le revoir et mourut ainsi. En présence d'une si réelle tragédie, toute remplie d'une peine atroce pour deux âmes si profondément sincères et entourée pourtant de circonstances si étrangement morbides que ceux qui la connaissent entièrement aussi bien que ceux qui n'en ont que quelques lueurs peuvent en porter les jugements les plus différents, ce qu'il y a de mieux à faire est de garder le silence, fût-ce pour approuver. Un écrivain français a dit : « Il faut s'incliner bien bas devant ces deux âmes, assez fortes pour sacrifier, l'une sa vie, l'autre son bonheur, à la sincérité absolue. Le grand Corneille les aurait trouvées dignes de ses héros. » (Bardoux, page 139).

Quel que soit notre jugement sur sa délicatesse, sa prudence ou son bon sens, nous ne pouvons douter du désespoir profond qui à partir de ce moment assombrit la vie de Ruskin. Il se plongea dans le travail ; il réprima sa tendance au doute, tout au moins s'abstint de publier son scepticisme. « La mort de *Rosie*, nous dit-on, fut le plus grand chagrin de la vie de Ruskin. Il souffrit d'insomnies et eut des rêves extraordinaires ». Il fréquenta les spirites et assista à des *séances* où des « médiums » évoquèrent pour lui l'âme de la chère morte. Quelques années avant, le tableau de Carpaccio représentant sainte Ursule à l'Académie de Venise, avait fait sur lui une profonde impression ; il passait maintenant des journées entières à en faire des copies et à étudier la vie de sainte Ursule. « Il tomba amoureux de la Sainte », elle devint pour lui le type spirituel de toutes les vertus et de toutes les grâces de la femme. Il fit des conférences, il rêva, il écrivit sur sainte Ursule dont la figure finit par se confondre avec le souvenir de sa morte bien-aimée ; enfin sainte Ursule, qui remplit tant de pages de *Fors*, devint pour lui ce que Béatrice avait été pour Dante.

Un cerveau doué d'une telle imagination, associé à un cœur d'une si maladive sensibilité, cherchant furieusement la paix dans un labeur acharné, toujours assombri par le souvenir d'un amour éteint et par l'horreur passionnée inspirée par la vue des maux sociaux, c'était là une constitution menacée d'une ruine totale. Pendant tout l'été et l'automne de 1873, Ruskin souffrit d'insomnies, et eut des visions étranges, il travailla fébrilement et présenta une prostration presque complète de corps et d'esprit. En 1874, il essaya d'un nouveau voyage en Italie, contracta une dangereuse fièvre à Assise et rêva qu'il était un frère du tiers-ordre de saint François. C'est d'Assise qu'il écrivit une lettre indignée pour refuser la médaille d'or de l'Institut Royal d'Architecture. Bizarre assemblage ! Saint François, John Ruskin, sir Gilbert Scott et les « restaurateurs » d'anciennes églises ! D'année en année, la fièvre de son cerveau augmentait. Il voulut refondre ses ouvrages et abjurer beaucoup de ses anciennes opinions. C'est un triste moment — « lettres confuses et désespérées, dessins, travaux tout aussi confus ». Il dit qu'il ne peut *fixer* son esprit pour faire une simple addition ; « Il s'évapore entre sept et neuf pour spéculer sur les sept péchés capitaux et les neuf Muses ». Le jour de Noël, en 1876, il souffre beaucoup, puis il a une sorte de vision qui lui montre sa dame morte sous la forme de sainte Ursule et il sent renaître sa croyance perdue en l'immortalité et la vie future. Au commencement de 1878, il eut sa première attaque de fièvre cérébrale avec délire aigu ; l'accès dura près de deux mois, puis, vers la fin de l'automne, il sembla que ce fut la guérison.

Ce n'en était que l'apparence. Il ne se releva jamais complètement du terrible affaissement de 1878 et les excès de travail, les déceptions et les rêveries ramenèrent de temps à autre ces fâcheux symptômes. L'effort occasionné par les travaux en cours, les rêves qu'il faisait de travaux futurs donnaient une perpétuelle excitation à ce cerveau surchauffé. A cinquante-six ans, il parlait de « projets d'ouvrages dont il n'avait encore réuni que les matériaux ». C'était une histoire en six volumes in-octavo de l'art Florentin au XVe siècle ; une étude en trois volumes de l'art athénien au Ve siècle avant J.-C. ; une histoire complète en dix volumes de l'art du Nord au XIIIe ; une vie de sir Walter Scott avec une analyse de l'art épique moderne, en sept volumes ; une vie de Xénophon avec une analyse des principes généraux de l'éducation, en dix volumes ; un commentaire sur Hésiode, avec une analyse définitive des principes de l'économie politique, en neuf volumes ; enfin vingt-quatre volumes contenant une description générale de la géologie et de la botannique des Alpes ; en tout soixante-neuf volumes qui devaient être écrits par un homme affaibli d'esprit et de corps, et à la fin d'une existence des plus laborieuses. On dit des constructeurs d'Empires qu'ils — « pensent par continents », un Hérode affolé aimait « à penser d'or et à rêver d'argent, » John Ruskin lui, pensait par encyclopédies, comprenant l'homme et la nature en une seule bibliothèque. Cette longue liste de volumes était peut-être un de ces jeux d'esprit qui lui étaient familiers, mais Ruskin fut toujours un mégalomane et jamais plus que lorsque ses rêveries s'appliquaient à ce qu'il devait exécuter lui-même. Pourtant ce simple exposé de travaux en préparation qu'il publia fort sérieusement est bien caractéristique de son état d'esprit, et toutes les leçons qu'il donna pendant son professorat, *Deucalion*, *Proserpine*, et les autres semblent bien n'être que des lambeaux épars tirés des portefeuilles où il avait rassemblé les matériaux d'une énorme entreprise encyclopédique.

Dès le commencement de 1879, son état cérébral le força à abandonner sa chaire d'Oxford ; et, en guise de repos, il s'adonna à l'étude des glaciers des Alpes au sujet desquels il soutint avec le professeur Tyndall, une vive controverse qui rappelait le combat fabuleux de l'aigle et de la baleine. Il avait soixante ans quand il se retira, cherchant la paix et l'étude, à Brantwood, dans sa charmante demeure sur le lac de Coniston. Ce lieu est un des plus beaux de la contrée des Lacs. Son cottage à l'ancienne mode, à un mille environ du village, était bâti sur un contrefort des promontoires à l'extrémité Nord-Est du lac, par delà il voyait les rochers de l'Old Man de Coniston avec les sapins et les mélèzes peuplant ses pentes rocailleuses. Là il créa peu à peu un jardin de roses, de fleurs et d'arbustes, disposé en terrasses sans art, conduisant à un port minuscule où étaient amarrés les bateaux pour le lac. Peu à peu la maison s'agrandit ; il y ajouta une nouvelle salle à manger, un *studio*, une tour et une porte-cochère et la propriété comprit bientôt des taillis, des vallons et des prairies s'étendant le long du lac. Au delà c'était la bruyère avec toute une série de tertres, de rochers, de collines, délices de celui qui ressent toute l'inspiration que de tels lieux peuvent éveiller dans une âme pensive et dans un esprit fatigué. C'est dans cette retraite délicieuse, simple et pourtant confortable, que s'écoulèrent doucement les vingt dernières années de la vie de Ruskin, adoré et entouré des soins pieux de sa cousine, presque sa fille adoptive, « Joanie », « Joanna » ou Jeanne, Mrs Arthur Severn, de son mari fils de Joseph Severn de Rome, l'ami de Keats, et de toute la famille Severn qui comprenait deux garçons et deux filles. Ceux qui ont eu la faveur d'être reçus dans cet intérieur n'ont jamais connu une demeure plus pénétrée d'une atmosphère de grâce, de simplicité et d'affection.

La maison, devenue à la fin assez spacieuse sans être imposante, originale à la vieille mode sans être en rien « esthétique ou inspirée de William Morris » (elle garda en effet longtemps quelques traces des banalités de l'ère des Georges et du début de celle de Victoria), la maison renferme quelques restes exquis de ses grandes collections. Le premier de tous, c'est le glorieux Titien, le doge Gritti, deux Tintoret, un portrait contemporain de Raphaël, des portraits de Turner et de Reynolds dans leur jeunesse, peints par eux-mêmes, des portraits du père et de la mère de Ruskin et celui de Ruskin enfant par Northcote avec sa ceinture bleue, ses yeux bleus et son fond de « montagnes bleues ». La chambre à coucher de Ruskin était entièrement garnie des meilleurs dessins de Turner que ses livres ont décrits avec tant d'enthousiasme. Sa bibliothèque personnelle comprend tout un rayon d'admirables manuscrits enluminés, quelques rarissimes livres imprimés, quelques manuscrits originaux des romans de Scott, écrits de la main du maître à une allure furieuse sur des pages in-quarto, toujours lisibles et presque sans ratures ; quelques petits tableaux de Prout, de Hunt, et de Burne-Jones et enfin des casiers pleins de minéraux rares et de pierres précieuses. Avant d'avoir attentivement examiné toutes ces belles choses, restes choisis sauvés des splendides collections de tableaux, de gravures, de modèles et d'objets d'art qu'il avait libéralement donnés aux musées et aux bibliothèques, on aurait pu se croire simplement dans la demeure confortable et très ordinaire d'un vieux gentleman retraité. Là, pendant vingt ans, après une existence agitée, Ruskin chercha la paix et la trouva ; mais il n'y put trouver l'oubli de ce qu'il avait tant aimé et tant espéré, ni de ce qui lui avait inspiré tant de craintes et de dégoûts dans le monde ; il ne put y trouver non plus la guérison d'une maladie qui ne lui laissa dès lors que peu de répit.

Les nouvelles du monde extérieur, celles de l'échec de ses plans philanthropiques, des dissidences de quelques-uns de ses amis, lui arrivaient de temps en temps et ne faisaient que surexciter son cerveau. En 1882, il eut une autre attaque de fièvre cérébrale, mais se remit assez pour voyager et visiter en août les Eglises de France et encore une fois les Alpes. Ainsi que nous le dit son biographe, « les crises cérébrales avaient passé sur lui comme des orages fugitifs laissant après eux le ciel serein ». Ses amis d'Oxford, Sir W. Richmond à leur tête, insistèrent même pour obtenir sa réélection comme chargé du cours d'Esthétique à Oxford et il reprit ses leçons en mars 1883. Pendant cette année, il parla à Oxford, à Londres et à Coniston, mais ce furent là ses adieux au public. Il essaya de professer encore à Oxford en 1884. Il se lança alors dans une sorte de rhapsodie intitulée « La nuée d'orage du XIXe siècle », dans laquelle le triste hiver de cette année 1884 était représenté devant un auditoire de Londres comme un signe visible envoyé pour punir l'iniquité blasphematoire dans laquelle le siècle était plongé. Son cours d'Oxford sur « les Plaisirs de l'Angleterre » parut à ses meilleurs amis si décousu tel qu'il l'avait préparé, qu'on le décida à y substituer des lectures de ses anciens ouvrages. Lorsque l'assemblée des professeurs décida par un vote la création d'un laboratoire de physiologie au Museum, il donna brusquement sa démission pour la seconde fois et secoua de ses pieds la poussière d'Oxford, des Académies et des cités. Ce n'était que le prélude d'une nouvelle crise cérébrale qui le terrassa et le laissa incapable d'aucune pensée continue.

La littérature moderne n'a pas de cris de souffrance plus poignants, ne donne pas idée de rêveries plus douloureuses que celles arrachées à Ruskin pendant ces sombres jours. Ni Swift ou Rousseau, ni Byron ou Carlyle n'ont lancé des paroles plus violentes et plus pathétiques. Et, dans les plaintes de Ruskin on ne trouve pas trace de sentiments honteux, de vanité blessée, de cynisme ou de désespoir. C'est la torture d'une âme tendre qu'outragent d'une façon maladive les spectacles vulgaires ou cruels ; c'est une noble colère contre la grossièreté et contre le mal ; c'est une resurrection de la douce pitié mediévale d'un saint François ou d'un Thomas A'Kempis, dans un monde qui ne comprend plus les saintes extases. On ne peut, dans une relation sincère de la vie anormale d'un génie unique, passer sous silence les maladies autant mentales que physiques, sous l'influence desquelles les angoisses d'une âme pure ont été incorporées à notre littérature. Mais ce n'est point à celui qui n'a pu les observer que du dehors, qui n'a pu être que partiellement informé et n'a pu tout comprendre, qu'il appartient de décrire de telles agonies. A la distance où nous sommes de Ruskin, ses paroles nous surprennent et nous font l'effet « de cloches d'un son doux, mais discordant » et nous ne parvenons pas à comprendre l'état d'esprit dans lequel elles furent écrites.

Seul, M. Collingwood, son ami, son secrétaire, son biographe, qui eut des occasions spéciales de l'approcher, a une autorité particulière pour parler. Laissons donc l'ami et le disciple choisi, nous conter cette triste histoire :

« De trop vives excitations dans son enfance, » une trop grande application au travail durant sa

» jeunesse et son âge mûr, et cela, au milieu de dé-
» convenues publiques et de peines intimes qui
» auraient pu être fatales à bien d'autres hommes ;
» un effort acharné et d'une nature particulière-
» ment émouvante, parce qu'il était lié, à ses yeux
» du moins, à des questions vitales au milieu des-
» quelles il se débattait, luttant comme Jacob
» contre l'Ange dans le désert ou, comme Savona-
» rola, implorant une réconciliation de l'homme
» avec Dieu.....

« Ces crises de maladie mentale qui, lors de son
» retour à Oxford, semblèrent s'espacer davantage
» revinrent, après sa démission, à intervalles de
» plus en plus fréquents. Les orages éclatèrent
» sur lui en fracas répétés, se calmant parfois
» mais pour retomber avec plus de furie, jusqu'au
» moment où ils le laissèrent abattu pour toujours,
» le forçant à subir l'épreuve et à se courber sous
» la tempête. »

» Tout ce dont je me souviens maintenant, du-
» rant ces nuits et ces jours si pénibles, c'est la vue
» d'une grande âme tourmentée et, émergeant des
» flammes mêmes de la souffrance, la tendresse
» ineffable de l'homme lui-même, avec son appel
» passionné à la Justice et ses aspirations ardentes,
» mais jamais réalisées, vers la vérité. Pour ceux
» qui ne pouvaient comprendre les égarements
» d'un esprit surmené, cette lutte devait ressem-

» bler à un cauchemar horrible ou grotesque;
» mais ces épreuves furent pour d'autres le seul
» moyen qu'ils eurent d'apprendre à le connaître
» et à l'aimer davantage. Même, au cours de ces
» tristes années, il y eut plusieurs périodes de
» santé au moins relative. En 1888, Ruskin, alors
» dans sa soixante-dixième année, fit son dernier
» voyage sur le continent, mais il ne lui procura
» pas les mêmes effets vivifiants que celui de
» 1882. Désormais, ses heures les meilleures furent
» des heures de faiblesse et de dépression et il
» regagna Brantwood, dans les derniers jours
» de l'année, mortellement las, pour attendre la
» fin. »

C'est ainsi que, onze ans plus tard, à peu près un an avant sa mort, je le vis dans sa paisible demeure de Brantwood — semblable au Roi Lear dans la dernière scène, mais reposé, aimable et heureux, respirant avec délices l'air de la campagne, se mêlant par intervalles aux jeux et aux lectures de la famille, mais le plus souvent, restant assis dans sa bibliothèque, occupé à tourner lentement les pages de quelque poème, d'un roman de Walter Scott ou de Dickens, d'un album de paysages, dans une retraite ombragée de roses et de fleurs éclatantes, fixant sur les collines bleues de Coniston, par dessus le lac doucement ridé, de longs regards silencieux, des regards chargés de tendresse, mais dont l'ardeur était éteinte — comme si, redevenu presque enfant ou, pèlerin épuisé, il apercevait au loin les Montagnes de Délices où le méchant ne peut plus nuire et où l'homme lassé trouve enfin le repos.

CHAPITRE XIII

EXPÉRIENCES SOCIALES.
LA SOCIÉTÉ DE SAINT-GEORGES

Ce fut l'œuvre qu'il accomplit au *Collège des ouvriers* de Londres qui tourna définitivement l'esprit de Ruskin vers les problèmes sociaux et leurs solutions pratiques, quoique l'on découvre cependant dans maints passages de ses premières œuvres, et surtout dans les *Pierres de Venise*, des marques très nettes de l'intérêt qu'il portait déjà à ces questions. Dès 1854, il avait pris part aux travaux du Collège et là, il avait eu comme élèves et bientôt comme associés, des artisans habiles tels que George Allen, W. Jeffery, Arthur Burgess et William Ward. Pendant les années qui suivirent jusqu'en 1857, ses leçons sur l'Art avaient eu principalement pour but de former des ouvriers d'art et de déterminer les conditions pratiques à l'aide desquelles, dans la société moderne, on pouvait assurer leur éducation. En 1857, il disait : « l'espèce de peinture dont Londres a le plus besoin c'est la peinture des joues roses de santé ». Il fut ainsi conduit à examiner toute la question du Travail et de l'Industrie sous le régime capitaliste dominant. Cette même année, il donna des conférences. à Manchester, sur « l'Economie politique de l'art » ; elles sont maintenant réunies sous le titre de : *A Joy for Ever* et sont surtout, comme nous l'avons vu, un acte d'accusation contre les idées courantes sur la science de la richesse. Pendant les années 1857, 58, 59, il revint fréquemment sur cette même idée, à savoir : que la régénération de l'Art ne pouvait s'obtenir que par une organisation nouvelle de l'industrie telle qu'on la pratiquait alors. *Unto this Last*, en 1860, fut le *Contrat social* tout biblique de notre Jean-Jacques Rousseau tory.

Tous les livres de Ruskin, depuis le dernier volume des *Modern Painters* jusqu'au moment où il quitta Londres, ne font que répéter et développer la même idée et, dans ses lettres à un artisan de Sunderland (*Temps et Marée*), il donne ouvertement à l'ouvrier des conseils appropriés à la vie de chaque jour. Mais ce ne fut qu'après être devenu seul maître de la fortune laissée par son père, que Ruskin entreprit ses grands projets de philanthropie pratique. Dès les premiers moments où il eut quelque argent à sa disposition, il avait toujours été généreux jusqu'à la prodigalité. Rossetti, C. A. Howell et bien d'autres que le public ignora, avaient reçu des secours de « Ruskin, le bon samaritain, a la main toujours et délicatement ouverte », comme l'appelle un écrivain anonyme. Le professorat d'Oxford en 1870 le fit pour la première fois connaître comme un fondateur plein de dévouement et de munificence. Il commença par former le Musée qui porte son nom avec les Turner, les Tintoret et des dessins d'artistes modernes dont il fit don aux galeries d'art d'Oxford.

Comme nous le dit M. Cook, « les élèves qu'il dota se comptèrent par centaines, et ses libéralités, quelquefois faites un peu à tort et à travers, furent toujours aussi délicates que généreuses. Il fit l'éducation de plus d'un artiste d'avenir et distribua un certain nombre d'emplois pour des entreprises semi-officielles. A Oxford et à Cambridge il offrit d'importantes collections de Turner; au musée d'histoire naturelle, de nombreux échantillons de minéraux ; à plusieurs écoles ou collèges encore des collections de minéraux et de dessins. Pour certaines formes de philanthropie, il fut un précurseur. Il établit des maisons de thé modèles ; pour secourir les ouvriers sans travail, il organisa des escouades de balayeurs. Le premier, il donna à Miss Octavia Hill les moyens d'organiser la propriété immobilière en vue d'aider les tenanciers à s'aider eux-mêmes. Il ne ménageait pas plus sa peine que son argent, ne croyant jamais avoir assez fait pour encourager un élève ou pour soulager un malheureux ».

Après le siège de Paris, en janvier 1871, Ruskin donna cinquante livres au comité de secours. En novembre de la même année, il fit don de 5.000 livres à l'Université d'Oxford pour créer une école de dessin. A un parent, il donna 15.000 livres pour relever ses affaires. A Noël, il abandonna le dixième de ce qui lui restait de capital pour fonder la compagnie de Saint-Georges qui devait, par la suite, absorber une si grande part de sa fortune et de son énergie. John James Ruskin avait, à sa mort, laissé à son fils, 157.000 livres en argent, sans compter les maisons et les collections de tableaux ; en sept ans, la moitié de cette fortune avait été dissipée en libéralités et, en peu de temps, il en advint de même du reste.

La première lettre de *Fors Clavigera* était datée de Denmark Hill, 1er janvier 1871, elle annonçait sa descente dans l'arène du socialisme pratique. « Pour ma part, » écrivait-il, je ne veux pas supporter passivement une heure de plus l'état de choses existant... Je ne puis plus me contenter de dessiner, peindre, lire, étudier des minéraux ou de me livrer à mes occupations favorites ; la lumière même du jour qui se lève m'est devenue odieuse à cause des misères que je connais, que je devine quand je ne les vois pas et qu'aucune imagination ne peut se dépeindre trop amèrement. Je ne puis donc supporter cela patiemment plus longtemps et, à compter d'aujourd'hui, avec l'aide de quelques-uns ou de plusieurs, je veux faire tout mon possible pour diminuer ces misères ». Dans sa cinquième lettre de *Fors* du 1er mai 1871, lettre que Carlyle salua « d'incomparable, de consolation presque sacrée et qui lui arrachait des larmes », Ruskin exposait le plan de la Compagnie de Saint-Georges. Il voulut y consacrer le dixième de ce qu'il possédait et le dixième de ce qu'il pourrait gagner plus tard. On devait essayer de faire d'une petite portion de la terre anglaise, une terre de beauté, de paix et de production, une terre où ne se verraient point de machines à vapeur ni de chemins de fer, où l'on ne pourrait trouver une seule créature abandonnée ; pas de malheureux en dehors des malades, pas d'oisifs excepté les morts, ni égalité ni liberté, une obéissance de tous les instants. Dans ce paradis d'Utopie, la société et l'industrie devaient être réglées strictement d'après un plan tout nouveau, tel qu'il est décrit dans les *Lois de Fiesole* et dans les lettres suivantes de *Fors*. Sir Thomas

Dyke Acland et Lord Mount Temple consentirent à être les fidéicommissaires de ce nouveau Phalanstèn, mais le public ne répondit pas à cet appel et, à la fin de la troisième année, les 7.000 livres originaires ne s'étaient accrues que de 236 livres 13 shillings.

Il entreprit alors d'améliorer quelques logements des faubourgs de Londres et il fit l'expérience sur neuf ou dix maisons qu'il confia à Miss Octavia Hill qui, touchant les loyers, apprenait ainsi à connaître les locataires et à les rendre meilleurs. Mais il finit par renoncer à l'entreprise en versant une somme de 3.500 livres, qu'il abandonna complètement et il disait plaisamment qu'il avait fait cela, « comme on jette de la neige par dessus un mur. » (*like snaw affawa*) Il loua ensuite un logement à Paddington et créa une maison de thé, afin de vendre du thé pur et à bon marché ; il y plaça même un vieux domestique. Au thé s'adjoignit bientôt un commerce de café et de sucre et on dit que l'affaire réussit assez bien jusqu'au moment où il céda l'entreprise à Miss Hill. Ruskin organisa alors une équipe de balayeurs pour nettoyer les rues, mais cette tâche comparable à celle des écuries d'Augias se trouva au-dessus de ses propres ressources, de celles de ses amis et de son jardinier.

La fameuse expérience de librairie débuta en 1871 avec le premier numéro de *Fors* qui ne fut pas publié à la manière ordinaire, mais vendu seulement par M. George Allen, dans un village du Kent. Le numéro ne fut point annoncé, on ne faisait ni escompte ni rabais et le prix d'abord de sept pences fut porté plus tard à dix. Malgré tout, les numéros s'enlevèrent par milliers. Plus tard, le système s'étendit et se compléta. Ruskin s'était plaint souvent des méthodes employées dans le commerce des livres par les éditeurs et les libraires, de leurs manières de régler les affaires et des conventions habituelles, aussi avec sa volonté si caractéristique, il résolut d'être son propre éditeur et son libraire. Son but était d'offrir, sans intermédiaire, sans réclame ni recommandation, un bon article à un prix suffisamment rémunérateur pour tous les ouvriers employés, supprimant ainsi toute compétition et renonçant aux habitudes commerciales des commissions et des rabais. L'auteur se chargeait lui-même de procurer du papier et des caractères d'imprimerie d'une qualité spéciale et il apportait tous ses soins à la préparation des planches illustrées. M. Allen, un des élèves de Ruskin au *Working men's Collège*, graveur de son état, devint le directeur de cette importante entreprise qui eut un succès merveilleux à Orpington jusqu'au moment où fut créé le dépôt de Charing Cross Road à Londres.

Pendant plusieurs années, tous les ouvrages de

Ruskin sortirent ainsi d'Orpington aux prix très élevés de treize shillings pour les volumes ordinaires brochés, de vingt-deux shillings et six pences pour les volumes illustrés avec d'élégantes reliures. Que *Fors* se soit vendu par milliers d'exemplaires dans des conditions si étranges et si gênantes, que l'immense publication de tous ces volumes coûteux ait trouvé des acheteurs, voilà qui prouve surabondamment l'extraordinaire popularité de l'auteur. Avec le temps, il comprit que la publication de ses écrits sous une forme qui les rendait inabordables aux bourses médiocres en éloignait ceux-là même auxquels il désirait le plus s'adresser. A la fin, le système fut modifié, les livres furent moins somptueusement imprimés et vendus à des prix plus modestes. On prit des arrangements pour qu'ils pussent être vendus par les libraires ordinaires et les affaires de MM. Allen sont maintenant conduites comme celles d'une grande maison d'édition. On dit que, pendant plusieurs années, les gains obtenus avec les œuvres complètes de M. Ruskin — et elles comptent quarante ou cinquante volumes de formes et d'éditions variées — montèrent à une moyenne de 4.000 livres par an. C'était d'ailleurs tout son revenu, et le seul moyen qu'il eût de continuer ses libéralités car il avait disposé de tout son capital et, sans ses droits d'auteur, il eût été réellement dépourvu de toutes ressources.

M. Collingwood, qui a une autorité toute spéciale pour parler de ces choses, nous assure que « le succès de son entreprise si hardie fut pour Ruskin une chose très heureuse. Les 200.000 livres laissées par son père avaient été englouties, principalement en dons ou en essais philanthropiques. Les intérêts, il les dépensait pour lui-même ; le capital, il le donna jusqu'à sa disparition complète à l'exception de la maison où il vivait et de ce qu'elle contenait et encore une grande part allait à des pensions auxquelles il s'était engagé dans le temps où il était riche, à ses parents, à ses amis, à d'anciens serviteurs, à des institutions auxquelles il s'était intéressé. Mais il avait assez pour ses besoins et n'avait pas à craindre la pauvreté pour ses vieux jours. »

La plus importante des expériences sociales de Ruskin, celle à laquelle il consacra la plus grande partie de sa fortune et toute son énergie pendant tant d'années de 1871 à 1884, fut la Compagnie ou, comme on l'appela plus tard, la Guilde de Saint-Georges. L'entreprise est tellement caractéristique dans sa conception et dans la forme qu'elle reçut, elle jette un jour si vif sur le véritable caractère et les idées personnelles de Ruskin qu'il est nécessaire de la faire connaître en détail. Peu d'apôtres des réformes sociales, dans notre temps, ont essayé de mettre en pratique leurs conceptions utopiques et de fonder des institutions pour donner corps à leurs idées. Mais, en 1871, Ruskin se trouvant libre de tous liens, riche, célèbre, avec des amis puissants, résolut de consacrer toutes ses ressources et toute son intelligence à donner, par ses actes mêmes, des exemples de La Vie Nouvelle.

Cette Vie Nouvelle, telle que Ruskin la concevait, devait être moins un progrès sur l'état Présent, qu'un retour vers le Passé. C'était l'esprit du Moyen Age, mais sans les violences de la féodalité et les superstitions du catholicisme. Elle ne serait ni communiste, ni monastique car elle devait, au contraire, développer au plus haut point les institutions telles que la propriété héréditaire et la famille. Elle devait montrer au monde une Chevalerie sans Guerre, une Piété sans Eglise, une Noblesse sans Luxe et sans Oisiveté, et une Monarchie sans Libertinage ni Orgueil; c'était un peu le type d'un fief chevaleresque du XIIIe siècle, en Toscane, comme celui d'un Bellincion Berti de la *Commedia* idéalisé, d'un capitaine retour des Croisades qui se dévouerait aux bonnes œuvres et guiderait les petits propriétaires qui eux le reconnaîtraient comme seigneur. Ce serait comme une seigneurie idéalisée du Moyen Age, solidement pourvue de tout ce que procurent l'ordre, le confort et les avantages de l'existence moderne, mais sans ses vices, ses mensonges, son machinisme honteux et ses habitudes sordides.

L'entreprise reposait sur les idées principales qui formaient la base de la philosophie de Ruskin : — 1° Il n'y a pas de civilisation sans une religion pratique ; 2° pas de prospérité en dehors du travail de la terre ; 3° pas de bonheur sans honnêteté et vérité. L'objet de la Société de Saint-Georges était d'anéantir le dragon de l'Industrialisme, de délivrer le peuple des abominations morales et physiques qui résultent de l'existence des villes et de le transplanter sur le sol d'une Angleterre purifiée qui n'aurait plus ni chaudières, ni impuretés, ni misères. Dans cette contrée régénérée, plus de concurrence, plus de machines, ni de marchandages, ni de fraudes, aucun luxe, plus de paresse, plus de ce pernicieux journalisme ni de cette vaine érudition ou de cette instruction mécanique acquise dans les livres. Elle devait posséder trois choses matérielles essentielles — un *Air* pur, une *Eau* pure, un *Sol* pur — et trois choses immatérielles aussi essentielles : l'Admiration, l'Espérance, L'Amour. Dans la cinquième lettre de Fors (1er mai 1871), il développe les moyens d'obtenir ces six choses indispensables à toute vie rationnelle.

La Compagnie de Saint-Georges avait pour premier objet d'acquérir des terres destinées à être mises en culture par la main de l'homme et à nourrir d'heureux cultivateurs dont on ne négligerait ni l'éducation, ni les plaisirs, et qui auraient leur musique, leurs arts, le tout adapté à leur intelligence. Ils devaient recevoir des salaires fixés d'avance jusqu'au moment où ils devenaient eux-mêmes propriétaires. Riches et pauvres, tous étaient invités à y entrer, ceux qui consentaient à travailler ferme en gagnant leur vie, comme ceux qui, en apportant leurs subsides, se contenteraient de voir leur argent produire du bonheur au lieu d'intérêts. Dans ce but, ceux qui possédaient étaient exhortés à y contribuer en donnant le dixième de leur revenu, comme l'avait fait lui-même le Directeur de la Compagnie ; mais, à sa grande surprise et à son grand chagrin, aucun de ceux auxquelles la Providence avait accordé les biens de ce monde n'usèrent des avantages d'un tel placement. Le projet mûrit, il fut développé et exposé pendant dix ou douze ans dans *Fors* ; mais il ne parvint à réunir que des fonds insuffisants et de très rares adhérents.

Il est inutile d'essayer de décrire d'une manière systématique un projet qui ne pouvait recevoir, et qui peut-être n'était pas du tout destiné à recevoir, une forme systématique quelconque. Mais, pour avoir quelque idée de ce que Ruskin voulait faire et de toutes les incohérences dans lesquelles son rêve l'entraînait, comme aussi des nobles buts qu'il poursuivait, il convient d'analyser la LVIIIe lettre, dans le troisième volume de *Fors*. Observons tout d'abord qu'elle fut écrite dans l'automne de 1875, au milieu de la profonde douleur que lui causa la perte de la jeune fille qu'il aimait et qui avait refusé de le revoir à son lit de mort. La lettre débute par le second verset de la *Prière du Soir* « O Dieu d'où provient tout saint désir, tout conseil salutaire, toute œuvre juste » qu'il extrait du service catholique en regrettant que le rituel anglais, l'ait détourné de son vrai sens. (Observons, en passant, que Ruskin, dans sa propre version, détruit lui aussi le magnifique développement de cette prière symbolique.) Il éclate en furieuses invectives contre ceux qui, chaque semaine, prononcent cette prière sans en comprendre le sens, qui ne peuvent se déterminer à réfréner leur cupidité naturelle, qui continuent d'agir d'après leurs opinions personnelles et cherchent à faire argent de tout, sans souci du juste et de l'injuste et se jettent « dans la baraque la plus bruyante de la Foire du Monde ».

Par contre, voici le *Credo* que devait retranscrire et signer tout adhérent à la Société de Saint-Georges : —

I. Je crois en un Dieu Vivant, Père Tout-puissant, Créateur du ciel et de la terre, de toutes les choses et de toutes les créatures visibles et invisibles.

Je crois en la bienfaisance de Sa loi et en la bonté de Son œuvre ; et je m'efforcerai de L'aimer: de Lui obéir, d'être attentif à Ses œuvres, tant que je vivrai.

II. Je crois en la noblesse de la nature humaine, l'élévation de ses facultés, la plénitude de sa clémence et la joie de son amour.

Et je m'efforcerai d'aimer mon prochain comme moi-même et, si cela m'est impossible, de me conduire comme si cela était.

III. Je travaillerai pour gagner mon pain de chaque jour de toute la force et suivant les occasions que Dieu me donnera ; et tout ce que je trouverai à faire de mes mains, je le ferai de mon mieux.

IV. Je ne tromperai ni ne permettrai de tromper personne soit pour mon avantage, soit pour mon plaisir ; je ne frapperai ni ne commanderai de frapper personne pour mon avantage ou pour mon plaisir ; je ne déroberai point et je ne laisserai jamais rien dérober soit pour mon avantage soit pour mon plaisir.

V. Je ne tuerai ni ne frapperai aucune créatur vivante sans nécessité ; je ne détruirai aucune chose belle, mais je m'efforcerai de sauver et d'assister toute noble existence, de conserver et de développer toute beauté naturelle sur la terre.

VI. Je m'efforcerai d'élever chaque jour mon corps et mon âme et d'augmenter leurs plus hautes facultés du devoir et en vue du bonheur; et cela non en rivalité ou compétition avec mes semblables mais dans le but d'assurer aux autres aide, et bonheur et honneur pour la joie et la paix de ma propre vie.

VII. J'obéirai fidèlement aux lois de mon pays, aux ordres du monarque et de toutes les personnes désignées par lui, en tant que ces lois et ces ordres seront en harmonie avec ce que je suppose être la loi de Dieu; et s'ils ne le sont pas, ou s'ils semblent devoir être modifiés, je m'opposerai à ces lois et à ces ordres loyalement et délibérément, mais sans malice secrète et sans violence désordonnée.

VIII. Et, avec la même fidélité et sous les mêmes réserves que pour les lois de mon pays et les ordres de ses gouvernants, j'obéirai aux règles de la Société dite de Saint-Georges où je suis admis, à partir de ce jour, ainsi qu'aux ordres de ses chefs et de toutes les personnes revêtues par eux et sous eux d'une autorité quelconque, pendant aussi longtemps que je resterai Compagnon de Saint-Georges.

L'auteur de ce *Credo* s'imaginait qu'aucun homme sincèrement bon et religieux ne se refuserait à professer et à signer de tels articles de foi. Il y avait là quelque naïveté. Le second article est une négation directe de la croyance chrétienne orthodoxe dans la perversité désespérée du cœur humain et dans la misérable faiblesse de l'homme. D'ailleurs, la noblesse de l'Humanité, sa majesté, ses élans miséricordieux, son amour constituent, au point de vue religieux, la doctrine des seuls positivistes et elle est rejetée par beaucoup de sceptiques et d'agnostiques aussi bien que par les chrétiens eux-mêmes. L'article V serait une pierre d'achoppement et une offense, non seulement pour tous les partisans d'un « sport » quelconque, mais pour presque toutes les personnes non affiliées à quelque propagande humanitaire. Quant aux articles VII et VIII, il n'est point évident qu'ils impliquent une obéissance de jésuites pour leur général — *perinde ac cadaver*. Mais la clause réservée qui limite l'obéissance à ce que le compagnon « suppose lui-même être la loi de Dieu » justifierait la plus opiniâtre résistance de la part d'un Puritain, d'un Quaker, d'un Covenanter ou d'un Anabaptiste ; enfin, comme le Maître de la Société Saint-Georges lui-même réprouvait un certain nombre des habitudes ordinaires de la civilisation moderne, une latitude considérable était laissée au jugement particulier de chacun.

Il désirait, par exemple, que la Compagnie pût posséder de la terre, mais il n'acceptait pas les conditions requises par la loi pour son inscription légale qui n'étaient cependant édictées qu'afin d'éviter la fraude et le gaspillage. La Compagnie devait avoir sa propre monnaie, mais on ne voit pas trop par quel moyen cela était possible sans léser la prérogative du « monarque » et sans violer les lois sur le « monnayage ». Les nouvelles monnaies devaient être toutes d'or et d'argent purs sans alliage. L'usure des pièces était sans importance et cependant, fabriquées en métal peu dur, elles devaient bientôt perdre leur forme et ressembler à des billes de marbre. La rente devait être strictement exigée des tenanciers, mais elle devait être réduite et non majorée d'après les améliorations faites par eux et uniquement employée à l'avantage du tenancier et de la propriété.

La grande loi de la Société de Saint-Georges interdisait « l'emploi de la vapeur et de toute machine là où les bras pouvaient suffir ». Les *outils* étaient permis ; et *arms* ici signifiait des bras, non des armes. Les lois en général étaient les vieilles lois anglaises ressuscitées ou plutôt les lois florentines ou romaines, mais non pas celles qui furent jadis en usage parmi les grandes nations. Un grand maître ou général était investi du pouvoir gouvernemental, il avait au-dessous de lui des maréchaux, des seigneurs terriens et les compagnons ordinaires. Le type du seigneur terrien était Richard Cœur de Lion. Il y eut enfin des Evêques et des Centurions, mais ceux-ci n'avaient point à connaître des opinions et des choses spirituelles et ne devaient s'occuper que des moyens pratiques de vivre, des conditions matérielles, de l'honnêteté et de la conduite en général. Le but principal de la Société de Saint-Georges était d'accumuler et d'emmagasiner les richesses nationales (qui comprenaient les aliments, les vêtements, les bons livres, les belles œuvres d'art soigneusement expurgées), et de les distribuer aux pauvres au lieu d'en faire l'objet d'une taxe. Les prix et même la nature des marchandises, étaient établis par le gouvernement, et celui-ci devait au moins assurer un minimum de prix et un étalon de pureté ; tout produit défectueux, aliments, vêtements et autres articles, devait être détruit. Parmi toutes ces lois, il y en avait une d'une délicieuse bouffonnerie. L'usage du vin était autorisé, mais seulement de celui qui avait *dix ans de bouteille*. Arrière, vos « Gladstone Clarets », vos « Bas-Medocs » « et autres drogues ». Ici, sûrement perçait le fils du marchand de vieux Sherry « si absolument honnête », et qui ne voulait pas entendre parler de nos boissons modernes à bon marché. Il était prescrit de porter certains vêtements d'après la classe à laquelle on appartenait ; les ordres héréditaires étaient reconnus ; le luxe était tenu pour infamant et, si l'on portait des diamants, ils devaient être bruts et non taillés.

Il n'est pas nécessaire de s'étendre plus longuement sur toutes ces prescriptions de la Société de Saint-Georges ; on les trouve éparses dans les quatre-vingt-seize lettres de *Fors* qui vont de janvier 1871 à Noël 1884, pendant près de quatorze ans. Un point est à noter : La Société de Saint-Georges n'est pas une Utopie sociale telle que l'auraient imaginée Platon, Dante, Sir Thomas More ou J.-J. Rousseau ; c'était bien réellement un corps constitué de réformateurs pratiques auquel un homme de génie avait consacré sa fortune, son énergie, sa réputation, son existence entière ; une institution qui dura vingt ans comme un exemple vivant de la Vie Nouvelle et qui fonctionne encore peut-être en quelque coin reculé et sous une forme quelconque. Ce fut encore une expérience impossible à classer et qu'on ne peut comparer à aucun type connu d'Utopie sociale. Elle était animée d'une grande ferveur religieuse, sans autre dogme consistant qu'un théisme à demi biblique, à demi artistique. C'était du socialisme, puisqu'il s'agissait de détourner toutes productions de l'usage individuel pour les réserver à l'utilité publique ; mais on y conservait, on y développait même l'institution de la propriété héréditaire et les classes possédantes gardaient leur ascendant. C'était l'anarchie sauvage dans sa haine des habitudes et des ressources de la vie moderne et cependant on y introduisait un degré d'obéissance digne d'un couvent de moines. On ne libérait le travail du joug capitaliste que pour le rejeter sous une tyrannie plus étroite que celle d'une compagnie de Jésuites. C'était un idéal qui aurait pu satisfaire Saint François ou Sainte Thérèse, et cependant il n'avait rien d'ascétique et ne s'adressait qu'à des laïques réunis en société pour jouir d'une vie saine et belle. Il aurait pu contenter ceux qui écoutent avec ravissement le Sermon sur la Montagne, s'il n'avait pas trop exalté la splendeur de la Chevalerie, la soumission aux riches et aux nobles et montré aussi trop de goût pour les joies innocentes et les choses de pure beauté. La société de Saint-Georges n'a rien produit, mais elle vivra longtemps dans nos souvenirs comme le rêve touchant d'un esprit supérieur mais trop solitaire qui voulut fuir le mal et chercher le salut dans un monde plus pur.

Il y a du moins un rejeton de la Société de Saint-Georges qui eut un vrai succès — c'est le musée d'Art de Sheffield, création des dons généreux et du noble enthousiasme de Ruskin. Toute l'histoire en est contée dans les *Etudes sur Ruskin* de M. Cook (1890). Il commença en 1875 par une collection de spécimens d'objets fabriqués d'une réelle valeur, il y ajouta des spécimens d'œuvres artistiques tirés de ses propres collections ou achetés de ses deniers, et, plus tard, la Corporation en accepta le dépôt. C'est là peut-être le seul résultat durable de quelque importance, après tant d'années d'anxiétés et de travaux, tant de généreux sacrifices ; c'est tout ce qui reste des nobles idées qui avaient pris corps dans la Société de Saint-Georges, symbole de l'Angleterre du Moyen Age, de l'esprit chevaleresque et de la culture du sol.

Ce serait une tâche peu agréable que de rappeler la triste histoire des entreprises industrielles qui se greffèrent sur la Société principale, et de raconter comment un petit groupe de Sécularistes, d'Unitaires et de Quakers déterminèrent la Société à acheter une ferme au prix de 2.287 liv. 16 s. 6 d, pour leur permettre d'organiser une communauté ; comment les communistes s'aperçurent qu'ils ne pouvaient la cultiver ; comment deux acres de rochers et de bruyères leur furent donnés à Barmouth et vingt acres de forêts à Bewdley et comment rien n'y poussa ; comment l'industrie du tissage de la laine sans machine à vapeur fut créée dans l'île de Man ; comment des filatures et des métiers à main furent organisés à Langdale ; comment des Reines de mai furent couronnées et décorées à Chelsea ; comment, après sept années, le Maître s'aperçut que tout *intérêt* produit par un capital réalisé n'était que l'usure interdite par les Ecritures, une abomination aux yeux de Dieu et des hommes ; comment, en définitive, il fut amené à agir strictement d'après cette étrange illusion qui, si elle était généralement adoptée, détruirait les bases même de la civilisation. La rente de la terre restait pour lui utile et légale quoi qu'elle soit simplement un payement annuel à l'occasion d'un prêt de capital.

Il faudrait un volume pour conter tous ses projets, tous ses plans, tous ses actes de munificence — ses dons, ses faiblesses et ses généreux oublis, ses colères, la multitude des choses auxquelles il s'intéressait, son jardinage, ses plantations, sa battellerie et ses voiliers, son ravissement en découvrant un vieux maçon qui savait construire un mur, mais ne savait ni lire ni écrire, son amour pour les animaux, les enfants, les femmes, ou très vieilles ou très jeunes, son activité moins inépuisable encore que sa générosité et sa puissance d'attraction et le dévouement qu'il inspirait à ses amis et à ceux qui l'entouraient. M. Collingwood écrit : « Il aime une infinité de choses, comme vous l'avez vu. Il diffère de tous les autres hommes que vous connaissez, surtout par la largeur et la vivacité de ses sympathies, par sa faculté de vivre comme peu d'hommes en seraient capables, tout admiration, tout espoir, tout amour. Une telle vie n'est-elle pas digne d'être vécue, quels que soient ses résultats ? »

Oui assurément, et nous pouvons même ajouter quels que soient ses erreurs et ses insuccès. Les quatre-vingt-seize lettres de *Fors* sont l'histoire d'une longue suite d'erreurs, d'échecs et de cruelles déceptions. Elles font aussi ressortir cette malheureuse tournure d'esprit et de caractère qui ruina la vie de Ruskin et neutralisa ses belles facultés, cette folie présomptueuse de vouloir refondre *de novo*, et, à lui seul, la pensée de l'homme, de reconstituer la civilisation avec sa seule passion, sans la culture et les connaissances préalables, essayant, par ses seules forces, de ramener la société en arrière vers un passé entièrement imaginaire et tout fictif. Oui rappelons-nous que :

« *Ce fut une grave faute,*
Et César en fut gravement puni. »

Mais il y a des échecs plus beaux et plus utiles à l'humanité que bien des triomphes. Il est impossible de peser la valeur ou de juger la légitimité de sacrifices sans espoir mais qui furent héroïques. Ceux qui succombent en enfants perdus laissent de beaux souvenirs longtemps après que leurs tentatives ont misérablement échoué. Le moine Télémaque qui s'élança au milieu de l'arène à Rome et mit fin aux combats des gladiateurs, fut considéré comme un fanatique qui se mêlait de ce qui ne le regardait pas par la populace qui le lapida ; on en dit autant de John Brown, l'abolitioniste lorsqu'il fut exécuté, son corps était au fond du cercueil mais son âme devait lui survivre, héraut d'une cause pour laquelle il avait donné sa vie. Combien d'années se sont écoulées avant que le Sermon sur la Montagne ait porté tous ses fruits — bien des siècles après que Jésus avait été mis à mort au milieu des moqueries et des injures ! Et combien aujourd'hui encore les résultats en paraissent douteux et confus ! Dans les questions sociales et religieuses, ce qui reste en définitive, c'est la ferveur de la foi, c'est l'horreur de tout ce qui est faux, c'est même, avec l'oubli de toute prudence, celui de tout intérêt personnel. La Magnanimité ne doit point compte de ses actes à la Prudence ; non, ni au Sens Commun.

CHAPITRE XIV

FORS CLAVIGERA

Les deux derniers ouvrages importants que Ruskin publia — les derniers de ses écrits, si l'on excepte quelques conférences occasionnelles, des notes et des memorandums — *Fors Clavigera et Præterita* — ont un caractère tout différent de ses précédents traités et sont absolument uniques en littérature. L'un et l'autre sont surtout autobiographiques, fort décousus, incohérents, mais révélateurs de sa personnalité à un degré dont il n'y a peut-être pas un exemple pareil dans notre langue; ils sont de plus écrits dans un style qui contraste étrangement avec celui des livres sur l'art qui ont rendu fameux le nom de Ruskin. Des étrangers, quelques anglais même, ont déclaré que *Fors* était « inintelligible » et des critiques contemporains ont dit que ce livre n'était qu' « insensé » et « grotesque ». Il contient cependant quelques-unes des pensées les plus typiques de Ruskin.

Que les quatre-vingt-seize lettres qui remplissent les quatre volumes de *Fors* soient bizarres, capricieuses, trop personnelles et à un degré inusité dans notre langue, rien de plus exact. Il n'est aussi que trop vrai, hélas ! qu'on peut considérer certaines parties comme se trouvant à peine sur la limite qui sépare un discours raisonnable des divagations d'un esprit malade. La série des lettres après sept années, fut, pendant les deux suivantes, interrompue par une maladie aiguë du cerveau, pour être plus tard, continuée d'une manière irrégulière et avec des facultés fort diminuées. Mais, si nous examinons froidement l'ensemble de ces lettres, nous y découvrons un but et un plan parfaitement définis, nous avons en même temps la révélation d'un esprit merveilleusement brillant, d'une richesse et d'une culture extrêmes et d'une nature faite d'exquise tendresse, de générosité et de candeur. *Fors* est l'*Hamlet* de Ruskin. Et s'il y a des passages qui ne sont que décevantes et inconséquentes illusions, tous ces monologues, ces tirades, ces confessions nous découvrent un cœur débordant d'une rare passion et un cerveau riche des dons les plus séduisants.

Fors est réellement le livre type nous faisant connaître l'homme qu'était Ruskin, en dehors de ses études spéciales et de son enseignement sur l'art. Son âme entière se révèle à nous pendant une période de quatorze ans, période en grande partie marquée par la maladie, les désappointements et le déclin, mais qui fut aussi le temps de ses méditations les plus profondes et de ses rêves les plus ardents. Pour ses disciples fervents, pour ses intimes, pour ceux qui partagèrent sa foi et ses labeurs, *Fors* reste comme son évangile essentiel et son message adressé à un monde pervers. Aux yeux de critiques trop acerbes ce livre n'est que la manifestation d'un cerveau malade et d'un esprit troublé qui se complaisent dans une sorte de Don Quichottisme et dans la recherche de panacées de leur propre invention. Les gens raisonnables prendront un juste milieu. Ils y verront, se dévoilant elle-même, une noble nature pleine de belles aspirations et ils reconnaîtront non sans regret combien ces rares qualités furent rendues vaines et stériles par une présomption indomptable, par une sorte d'incontinence mentale et morale qui souvent confinait à la pure hallucination.

Voici comment le livre est décrit par M. Collingwood dans sa biographie de Ruskin faite avec tant de soin et si autorisée :

« *Quand on lit Fors, il semble que l'on se trouve dehors par un orage terrible. D'abord vous ouvrez le livre avec intérêt comme pour chercher les signes du temps. Tandis que vous commencez votre escalade, voici qu'un sombre nuage, à l'improviste, vous enveloppe; avec lui une terreur instinctive vous étreint; autour de vous ce ne sont qu'images sur images de misères, de meurtres et de lente mort : çà et là, au premier plan, un rayon de soleil vient donner un dur relief à cette scène sauvage, mais par échappées, vous entrevoyez dans le lointain de vastes étendues d'ancienne histoire et comme des terres de promissions laissées à l'arrière. Peu à peu l'obscurité vous entoure. Le vieux tonnerre des phrases ruskiniennes, comme ramassé en secs coups de fouet, se répercute sans discontinuité de tous les points de l'horizon, éveillant les échos, faisant résonner les profondeurs : ce ne sont qu'allusions, suggestions, insinuations soulevant le royaume du chaos et, avec des éclairs fulgurants et inattendus, vous forçant à voir de terrible façon ce que vous êtes habituellement si heureux de laisser dans l'ombre. Fascinés par le jeu du marteau de Thor qui frappe les Géants de Glace — vos chères habitudes qui « pèsent sur vous comme de lourds glaçons » — vous vous apprêtez à applaudir, et voilà qu'un coup plus violent fait rouler votre point d'appui dans l'abîme. Mais, si vous pouvez grimper encore et, sans crainte, aborder le sommet, l'orage s'apaise; de nouveau vous voyez le monde au-dessous de vous, mais alors tout secoué du rire étincelant du dieu et tout voilé du nuage de ses douces larmes !* »

Quel que soit le sens exact de ce passage, il peut servir à montrer que, à travers les incohérences, les inconséquences, les tournoiements de *Fors*, on peut saisir l'exposé d'un réel et tout puissant Evangile qui se dégage de toutes ces flammes et de toutes ces scintillations. Et en vérité il s'y trouve tout entier. *Fors* n'est pas seulement l'*Hamlet* de Ruskin, c'est aussi son *Apocalypse*. Mais on ne saurait rien imaginer de moins semblable à Thor, et rien surtout qui s'éloigne davantage du style de *Fors*, que le morceau que nous venons de citer. Cependant la comparaison du livre avec une tempête d'orage peut se soutenir jusqu'à un certain point. *Fors* produit sur nous comme l'effet d'un trouble électrique extraordinaire dans le ciel, trouble auquel nous assistons avec un étonnement mêlé d'admiration, frappés que nous sommes à tous coups par des éclairs, sans savoir d'où ils proviennent, ni où ils vont, mais toujours profondément impressionnés par leur beauté.

Comme nous l'avons vu, le style de *Fors* est tout différent de celui des premiers livres sur l'Art; on n'y découvre aucune trace de rhétorique, pas une phrase de peintre, pas l'ombre d'une composition arrêtée. C'est partout un chef-d'œuvre d'anglais simple, gracieux, limpide, une sorte de conversation pleine d'aisance et de naturel. C'est une *causerie* séduisante, ce sont les discours d'un maître supérieur dans l'art de la conversation familière. Ce style est sans exemple dans notre langue, avec son *laisser-aller* sans mesure, son *abandon* à toutes les fantaisies, à tous les caprices, à toutes les associations d'idées qui naissent du moment. Il n'existe en littérature rien d'aussi décousu, d'aussi inconséquent, d'aussi vagabond, d'aussi hétérogène. Et, malgré tout, l'enchevêtrement des idées est si fantastique, les transitions si inattendues que l'effet général est tout à fait charmant et très suggestif.

La forme de l'ouvrage est en elle-même si singulière et en son genre d'une si rare perfection qu'elle mérite d'être étudiée en détail. Et d'abord remarquons que, dans les deux mille pages de ces quatre volumes qui traitent de choses aussi mélangées et aussi diverses que les mots d'un dictionnaire de la langue anglaise, on ne trouverait pas une seule sentence qui ne soit entièrement claire et intelligible pour le commun des lecteurs. Celui-ci peut ne pas saisir toutes les allusions, tous les rapprochements poétiques ou historiques, toutes les épigrammes et tous les sarcasmes, mais il comprend parfaitement le sens de tous les mots. Les phrases sont claires, simples, vont droit au but comme celles de Swift, mais sans la grossièreté et la licence du fougueux Doyen. Le livre coule en une langue pleine d'aisance et de naturel que ne surpassent ni Bunyan ou Defoe, Swift ou Goldsmith, mais en même temps il a une grâce, une imagination, une magie ensorcelante que le sardonique Doyen de Saint-Patrick's aurait dédaignées.

En second lieu, il serait difficile de trouver dans ces deux mille pages une seule sentence ennuyeuse, sèche ou conventionnelle. La remarque quelquefois n'a pas de sens ou elle est présentée d'une façon enfantine, mais elle a toujours une si jolie sorte d'humour, la phrase est toujours d'un tour badin si fantasque, si agréable et si original, cela sort tellement de l'ornière commune que l'on n'aperçoit plus que le jeu charmant d'un écrivain de génie. C'est le ton de Swift à *Lilliput*, de Carlyle dans le *Sartor* ou de Thackeray dans les *Snobs*. Ce qui en fait le fond, c'est une satire de nos vices modernes, de nos ignorances, de nos vulgarités, mais la forme est celle d'un jeu enfantin, d'un gai badinage, d'une ironie pleine de courtoisie et comme d'une musique qui raille.

Les lecteurs de Fors sentiront que la série de ces lettres est tout entière coulée dans un moule d'ironie, de pathétique soutenu, de tristesse profonde, qu'elle est comme revêtue d'un voile d'humour et même de légèreté, mais également éloignée de la sauvage amertume de Swift et de la lourde moquerie de Carlyle. Son indignation est aussi vive que la leur mais elle s'adoucit en une fantaisie pleine d'enjouement. Il est ainsi fait et nous devons le prendre tel qu'il est. Et si Ruskin se compare à Thésée c'est dans le même esprit sardonique qu'Hamlet lorsqu'il se compare à Hercule ; ou bien, lorsque Ruskin nous donne des détails biographiques sur son enfance, il fait comme Hamlet lorsque celui-ci laisse jouer son ardente pensée avec le crâne de Yorick sur le tombeau d'Ophélie. *Fors* est une satire de la vie moderne présentée sous la forme d'un gracieux badinage.

Au point de vue purement littéraire, son caractère le plus marqué consiste dans l'ordre et la suite des idées qui se succèdent de la façon la plus extraordinaire et la moins attendue. Chaque paragraphe, chaque sentence, chaque phrase même semble au lecteur la dernière à laquelle il aurait songé pour faire suite à la précédente. Elles semblent d'abord ne présenter aucune connexion jusqu'au moment où nous découvrons le lien subtil, souvent étrange, quelquefois le simple jeu de mots, qui unit deux passages. La transition est si ingénieuse, si imprévue, et cependant si gracieuse et en tout cas si originale que l'impression qui en reste est agréable et jamais obscure. L'attention du lecteur est sans cesse plaisamment tenue en éveil par l'impossibilité d'imaginer ce qui va suivre, si bien que lorsque la seconde idée se présente, elle lui paraît tout à fait incongrue, jusqu'à ce qu'il ait trouvé le fil qui l'unit à la précédente et il y arrive avant que la phrase soit achevée.

Il faut pourtant admettre que les limites du badinage et de l'inconséquence sont parfois atteintes ou même dépassées. Il y a certains passages, sans doute, même parmi ceux qui sont restés dans l'édition revue et réduite de 1896, qui ne peuvent avoir été composés par un homme en état de contrôler ses propres pensées. Depuis sa grande attaque cérébrale, Ruskin laissa tomber souvent de sa bouche ou de sa plume des mots qui semblaient naître sous l'influence d'un narcotique ou dans un état de rêve. Un mot, un son, une association de hasard, suggéraient un sujet nouveau qui n'avait avec le précédent qu'un lien verbal, aucune connexion logique, et équivalait presque à un simple calembour. Il dit lui-même (Lettre LXII) que telle gambade de sa part « si singulière et hors de propos qu'elle paraisse, était aussi sérieuse et aussi intentionnelle que les danses de Morgiane autour du capitaine des quarante voleurs ». « Si je quittais seulement pour un instant le masque d'arlequin, vous me prendriez de suite pour un fou. » Cela est vrai la plupart du temps, mais il arrive aussi parfois, surtout quand il jongle avec les textes et les mots de l'Ecriture, qu'il dépasse les bornes de la saine raison.

Ne nous arrêtons pas à la lettre LXXXII (septembre 1877) qui s'ouvre par une allusion au *Baily's Magazine*, par une histoire de courses avec une autre sur son chat, passe de là à Fielding « un romancier des plus moraux », supérieur à tous les modernes depuis Scott, ensuite à la question de la peine capitale avec une longue citation de quatre pages des *Doriens* de Müller, à propos de la joyeuse pendaison, assaisonnée de bière forte, d'un voleur de grand chemin au temps de George III. Puis, c'est « du philanthrope moderne de l'Ecole de Newgatory » qu'il s'agit. Manchester ne produit ni art, ni littérature mais a entrepris « de voler les eaux de Thirlmere et les nuages de Helvellyn » pour les vendre à bénéfice ; ce qui mériterait non pas que le lac de Thirlmere soit conduit aux portes de Manchester, mais que Manchester et sa Corporation soient précipitées au fond du lac. Il aimerait aussi détruire la Ville Nouvelle à Edinbourg et la cité de New-York. Et ce n'était point là pure plaisanterie, car les collines et les vallées de l'Angleterre « sont les vrais temples de Dieu et leurs eaux et leurs nuées sont plus saintes que la rosée baptismale et que l'encens de l'autel ». Les malandrins de Manchester devraient songer à ces lois de Platon qui punissaient les offenses faites aux dieux, et cela nous vaut une série de pages sur les *Lois* de Platon. Ce n'est là, nous en convenons, que l'ironie amère d'un poète qui adore les beautés naturelles et qui extravague en les voyant défigurées par l'Industrialisme moderne.

Mais que pourrons-nous dire de la lettre LXXXVII, (mars 1878) — *La mangeoire de neige* « (*The Snow Manger*) » Nous devons remarquer qu'elle fut écrite à la veille de l'une de ces terribles crises qui, dans la biographie officielle, sont présentées comme « un délire devenu alors le principal caractère de sa maladie » — maladie qui fut publiquement reconnue par le Recteur à la Convocation d'Oxford et à l'occasion de laquelle des prières furent dites jusqu'en Italie. Que de telles productions d'un esprit troublé aient finalement trouvé place dans ses œuvres revisées et publiées par lui-même ou par ses amis, c'est une question à laquelle nous sommes incapables de répondre.

C'est un tâche bien plus agréable de faire remarquer cette gaieté irrésistible, cette grâce digne d'un Ariel, — quelquefois aussi d'un Puck — dont il sait envelopper ses plus hautes pensées morales et spirituelles. Dans la lettre VI (1er juin 1871). il expliquait le plan de ses articles et leur « forme assez décousue » calculée pour donner de la tablature au lecteur. Le prix de sept pences, port compris, est celui « de deux pots de bière par mois », et l'ouvrage lui a coûté vingt ans de méditations et de lectures assidues pour se mettre à même de connaître ce dont il allait parler. Les frais se montaient à 10 livres par mille, et à 5 livres pour chaque dessin. Mille fois six pences font 25 livres, ce qui laisse 5 livres pour l'auteur et autant pour l'éditeur. Voici qui est bon marché, voici un gain parfaitement légitime. Il ne peut écrire que sur les sujets qui l'intéressent réellement et seulement à mesure qu'ils se présentent à son esprit. Par exemple, il vient d'apercevoir dans les clairières du bois de Bagley, des hyacinthes sauvages « ouvrant leurs étincelantes corolles bleues » « là-dessus, il se sauve de peur d'être pris par le garde du Collège du gracieux apôtre Saint Jean ». Il craint que les acheteurs ne « jettent sa lettre de côté bien qu'elle leur ait coûté sept pences, lorsqu'il fait remarquer que ces hyacinthes du bois de Bagley ont quelque rapport avec la bataille de Marathon et, partant,-qu'elles présentent un bien plus grand intérêt que l'impôt sur les allumettes.

Il semble que l'incohérence ne peut aller plus loin à moins que nous parvenions à comprendre la phrase sur « la poudre qui sort des talons de leurs souliers »; mais il ne tarde pas à nous expliquer que la hyacinthe des bois représente *l'asphodèle* des Grecs ; que l'asphodèle était la fleur qui ornait les Champs-Elysées où reposent les héros morts à Marathon ; qu'il serait bien plus utile aux ouvriers anglais de penser à Marathon et à ce que ce nom rappelle et aux Champs-Elysées ou au Ciel où ils peuvent espérer d'aller que de se disputer à propos de l'impopulaire impôt sur les allumettes proposé par M. Lowe. Thésée prépara, sur le rivage, un repas de lentilles à son peuple lors de son retour de Crète et, en hissant une voile noire, occasionna le suicide de son père. Et tout cela lui est suggéré par les hyacinthes sauvages de Bagley, près d'Oxford, et le conduit naturellement à des réflexions sur la chambre des Communes et sur les terribles événements de Paris en mai 1871.

La lettre XXIV (novembre 1872) contient, à l'occasion des fêtes de Noël, une charmante arlequinade du même genre. Il ne la veut pas commencer en disant « mes amis » parce qu'il n'est pas en humeur d'amitié et qu'il ne compte pas qu'on lui répondra amicalement. Il ne signera pas « votre fidèle » car il n'est pas fidèle à lui-même et que les autres ne le sont pas plus envers lui. Il ne signera pas davantage de son propre nom parce qu'il ne l'aime pas, étant simplement un diminutif pour « Rough Skin ». (Peau rude). Puis il continue : « Lorsque j'arrivai à Oxford, le ciel était parfaitement clair ; la Grande Ourse était près du pôle et le Cocher au-dessus avec son étoile principale aussi brillante qu'une lampe à gaz. »

« *C'est quelque chose de bien défectueux dans ce monde des étoiles qu'il y ait un Charretier sans chariot et une voiture sans conducteur ; pas de voiture en effet à moins qu'on ne prenne pour une voiture le ventre de l'Ours ; mais j'ai toujours désiré savoir ce qu'est devenu Charles qui doit s'être arrêté quelque part pour boire un coup et a manqué ainsi l'occasion de devenir lui aussi une étoile. Que je voudrais donc le savoir ! mais je puis vous en dire là dessus encore moins que pour Thésée. L'histoire du Cocher est tout de même jolie — il donna sa vie pour un baiser et ne l'obtint pas mais devint une constellation. Ce serait un joli conte à vous faire sous le Gui ; peut-être en aurai-je le temps quelque jour ; aujourd'hui c'est des étoiles de la couronne d'Ariane que je veux vous entretenir.* »

Et ainsi il est amené à se demander pourquoi toutes ces histoires d'étoiles sont grecques — et non chrétiennes, oubliant ou ignorant que les Grecs créèrent l'Astronomie tandis que les moines du Moyen Age y furent indifférents. Une vieille dame alitée et mourante, *laissa* 200.000 livres qu'elle ne pouvait emporter avec elle ; ces livres travaillèrent si bien qu'elles produisirent quatre pences par minutes ; de sorte que la vieille dame se réveilla le lendemain matin de dix livres plus riche que la veille, quand elle s'était couchée. — De quoi « les étoiles furent bien étonnées et ouvrirent de grands yeux » car c'était la Nativité d'un Dieu bien différent de celui que vous faites profession d'honorer à Noël en leur compagnie et en celle des Anges, tout en vous remplissant de victuailles ». Se gorger de nourriture est la partie essentielle des fêtes de Noël et peut-être ce que le peuple fait de plus religieux dans l'année. C'était pour Ruskin enfant une chose bien cruelle que de perdre tout l'agrément des quatre septièmes de sa vie, à cause du dimanche ; car « une ombre lugubre attristait le vendredi et le samedi par le sentiment horrible que le dimanche était proche et qu'il était inévitable ». Et ainsi nous sommes amenés au neuvième cercle de sainteté de Dante et aux dîners froids du Sabbat, de là au repas du vendredi saint à Crystal Palace, au lac du Phlegethon tel qu'il est décrit dans l'Enfer, de là à l'Usure et au Minotaure de Crète qui est un esprit de convoitise et de méchanceté. L'achat d'un manuscrit enluminé du Coran le remplit d'aise quoiqu'il n'en puisse déchiffrer un mot. De là nous passons à Thésée et à son retour de Crète — sans Ariane. — Son potage aux légumes aurait fait un piètre souper de Noël.

« *Le plum-pudding est un plat égyptien ; mais avez-vous jamais pensé à combien d'histoires a donné lieu ce plat athénien, le potage aux lentilles ? D'abord à un marché de quelque importance même pour nous (surtout en tant qu'usuriers) ; et la guérison miraculeuse d'Elie ; et la vision d'Habaccuc lorsqu'il portait leur soupe aux moissonneurs et qu'il dut l'enlever à l'un d'eux qui en voulait plus que les autres ; et surtout, le potage aux herbes amères avec son pain trempé et l'histoire du fidèle compagnon : —* « *C'est à lui que je donnerai le pain quand je l'aurai trempé* ». *Le sens de tout cela, en gros : premièrement, que nous ne devons pas vendre notre droit d'aînesse pour un plat de lentilles, quelque affamés que nous soyions, mais que nous devons connaître et garder nos droits de notre mieux ; secondement, que nous ne devons empoisonner à personne son potage mental ou réel ; enfin que nous devons prendre garde de trahir la main qui nous donne notre pain de chaque jour* ».

Et ici Ruskin, comme il lui arrive souvent, semble garder sa croyance au symbolisme prophétique de l'Ecriture alors qu'il a cessé d'ajouter foi aux faits objectifs rapportés dans la Bible. Il les recherche avec soin comme des révélations de la volonté divine ou en manière de *Sortes Virgilianæ*.

La Sainte Cène l'amène tout naturellement à

faire le récit, d'après un numéro du *Pall Mall*, du dernier souper d'Annie Redfern de Chicksand Street, Mile End, qui fut trouvée morte asphyxiée, comme l'enquête le démontra, pour avoir habité une cave privée d'air. Le même journal insiste sur ce fait que « l'existence » de la Madone, allaitant son enfant, est trop bornée ; M. John Stuart Mill indique aux jeunes femmes anglaises une occupation plus lucrative, celle-là même à laquelle il semble qu'Annie Redfern ait succombé. Les Athéniens fêtaient la commémoration de la soupe aux légumes de Thésée et chantaient de belles chansons pascales. Donner de l'opium aux jeunes enfants pour les faire rester tranquilles, comme M. Stuart Mill et les économistes le conseillent aux mères, afin qu'elles puissent se livrer à des occupations plus lucratives que celle de les nourrir, cela dépasse décidément les bornes. La mère de Ruskin avait l'habitude de chanter : « Do-do, bébé, sur la pointe de l'arbre » et lorsqu'il était enfant il se plaignait même de la rime défectueuse « lorsque le vent souffle, le berceau s'agite (1) ». Nous n'avons plus de berceaux à bercer maintenant et nous n'avons pas besoin de berceuses.

Lisez donc un chant de Chaucer ; mais voici que

---

(1) « Hush-a-bye, baby, on the tree top !
« When the wind blows, the cradle will rock. »

M. Mill avise les mères qu'elles ont à travailler, non à chanter. Dans les vieux tableaux de la Nativité on voit des colombes et des petits lapins autour des saints et des anges. De nos jours les beaux messieurs ne sont heureux que quand ils ont massacré des pigeons et des lapins par centaines.

« *Naturellement, cela convient à une nation amoureuse des sports qui a appris à préférer l'odeur de la poudre à canon, du soufre et du goudron à celle des violettes et du thym. Mais comparer l'empoisonnement des bébés, le tir aux pigeons et la chasse aux lapins de nos jours aux joies de la Madone Allemande et à ses naïfs enfants, à Chaucer et à ses joyeux pèlerins; mais voir que l'effet actuel de la paix sur la terre et le plaisir des hommes consistent, pour chaque nation, à dépenser tous ses revenus pour créer des machines à tuer les meilleurs et les plus braves justement à l'âge où ils vont être utiles à leurs parents; je vous le demande, mes amis, et je vous appelle ainsi probablement pour la dernière fois (à moins que vous ne soyez plus disposés à faire amitié avec Hérode qu'avec Barabbas), je vous demande s'il ne serait pas plus humain et moins coûteux de construire moins de machines, d'économiser l'opium, et aussi les dépenses d'entretien et d'éducation (sans compter la diplomatie) et de nous amuser à tirer sur les bébés au lieu des lapins* ».

Il n'y a pas là que de simples divagations. L'ironie n'est ni plus farouche, ni plus continue que dans *Gulliver*, *Candide* ou *Sartor* ; et elle n'est ni grossière, ni rude. C'est là protestation désespérée d'un homme qui, dès l'enfance, eut un amour passionné pour tout ce qui est beau dans la Nature, dans l'Art et dans l'Histoire ; d'un homme qui éprouve un dégoût profond pour les cruautés de la guerre et les tortures infligées de gaieté de cœur à de belles et tendres créatures par ce qu'on appelle « le sport » cette parodie de la guerre ; d'une âme torturée jusqu'à la folie par les horreurs physiques, morales, esthétiques et spirituelles de l'industrialisme moderne ; d'un homme enfin saturé, plus qu'aucun prêtre, des paroles de l'Ecriture et de l'idéal évangélique et qui brûle, comme un saint François, un Zwingle ou un Latimer, d'en faire de nouveau les uniques guides et les vrais conducteurs de l'humanité. Prenez l'esprit brûlant d'un tel Evangéliste, enflammé de la fièvre irrésistible de l'auteur des *Modern Painters* et des *Sept Lampes* et vous avez *Fors Clavigera*, avec sa frénésie, le désordre de ses idées, ses appels si nobles, sa tendresse exquise et sa grâce. On pourrait se figurer quelque « Glendoveer béni », ou bien, descendant sur notre globe, quelque citoyen d'une autre planète, Mars ou Mercure, où les « Lois naturelles », telles que nous les connaissons, n'ont point d'empire et où la société est organisée d'après un de ces plans que nous qualifions d'utopiques. Cet habitant de Mars ou de Mercure, parfaitement ignorant des conditions matérielles qui nous entourent, avec un sublime dédain pour notre manière de vivre basse et sordide, profondément dégoûté par nos habitudes barbares et cruelles, pourrait soulager son âme par des diatribes assez semblables à celles de *Fors*. Nous prendrions plaisir à l'écouter et ce ne serait pas sans profit.

Si nous jugeons équitablement la série entière des lettres de *Fors* et si nous cherchons à comprendre leur portée, nous y découvrirons un ensemble d'idées parfaitement défini et des aspirations réellement pratiques. A une foi mystérieuse dans la création de toutes les choses et de toutes les créatures vivantes par un Dieu aimant et tout puissant qui veille sur le vol du moineau comme sur l'éclosion de la feuille, Ruskin unissait une croyance également active dans la sainteté polythéiste ou fétichiste des choses de la nature comme objets dignes d'adoration. Il en était arrivé à considérer la moindre altération des choses de la nature et le meurtre des tendres créatures comme une profanation sacrilège, à peu près comme l'Hindou regarde la mise à mort d'une vache consacrée à Brahma ou comme un Grec aurait regardé la souillure d'une Fontaine dédiée aux Nymphes. Son indignation pour ce qu'il y a de frauduleux dans le commerce de nos jours l'entraînait à condamner comme criminel et dégradant le commerce moderne en lui-même. Les horreurs des grandes cités manufacturières l'amenaient à se déclarer un communiste violent, prêt à accepter la liquidation sociale ou la destruction de la société moderne que rêvent les Anarchistes. D'un autre côté, sa familiarité ancienne avec Homère, Scott, Platon et Dante le tournait vers l'autocratie paternelle d'un roi philosophe. Il se rapprochait ainsi de Carlyle, d'Emerson, de William Morris et de Tolstoï. N'oublions pas cependant que Ruskin ne fut jamais un révolutionnaire en politique ; il fut un réformateur moral et spirituel — ses imprécations les plus furieuses se fondaient en paroles aussi tendres que celles de Jésus quand Il pleurait à la vue de Jérusalem.

En raison de ses aspirations vers une société nouvelle fondée sur l'*Air*, l'*Eau*, le *Sol* purs — sur l'*Admiration*, l'*Espérance* et l'*Amour*, en considération de ses tentatives désespérées et visionnaires pour réaliser le modèle de ce monde nouveau, nous pouvons oublier les erreurs et les folies du prophète de *Fors*, ses incorrigibles méprises et ses outrages à des hommes tels que Mill, Spencer et Comte ; son ignorance enfantine des faits de l'histoire, du langage, de l'etymologie et de la science ; son manque de loyauté vis-à-vis de ses adversaires, de ses amis et son insolence vis-à-vis de tous ; son arrogance et son absorption dans une sorte de cocon d'égoïsme qu'il s'était filé à lui-même. Oui ! car son grand cœur et son rare génie avaient été dès l'enfance déviés et pervertis par deux influences malheureuses — d'abord l'isolement dans lequel on l'avait élevé comme une sorte de Dalaï Lama, loin de la vue et du contact du monde extérieur ; puis, la saturation de son esprit par une théologie toute mystique qui lui apprit à traiter toutes choses comme *absolument* bonnes, ou *absolument vraies*, comme *absolument* mauvaises ou *absolument* fausses dans un monde où, comme l'a dit Comte, tout est *relatif*, dans un monde où l'homme ne peut connaître que des vérités *relatives* et ne peut jamais espérer qu'un bien *relatif*.

On a souvent dit que Ruskin était un disciple de Carlyle et on l'a souvent comparé à Tolstoï ; lui-même se reconnaissait quelque ressemblance avec Swift et il a des analogies avec Rousseau ; mais en ce qui concerne la plupart de ses jugements historiques et de ses projets de réorganisation sociale, on trouve de curieuses coïncidences qui le rapprochent d'un homme dont il ne connut rien, dont il ne parlait qu'avec horreur et mépris et dont les habitudes d'esprit et l'existence contrastent violemment avec les siennes. J'eus souvent l'occasion, soit en particulier, soit en public, de lui rappeler que plus d'une de ses doctrines sociales avaient été formulées avant lui par Auguste Comte. Cela peut sembler paradoxal d'unir dans la même phrase le plus systématique des écrivains modernes avec celui qui le fut le moins, l'esprit le plus scientifique avec le plus métaphysique, le philosophe et le poète, le plus organique des penseurs modernes et le plus anarchique. Comte n'entendit jamais parler de Ruskin (1) et Ruskin ne fit jamais mention de Comte si ce n'est par quelque grotesque parodie de ce qu'il imaginait que Comte avait dit, alors qu'il avait réellement dit le contraire. Il reste cependant que Comte et Ruskin s'accordent au fond dans leurs vues sur la poésie et la religion grecques, le Moyen Age, le catholicisme, les grands poètes, dans leur hommage à Dante et Scott, dans leur admiration pour l'architecture gothique et l'art italien ; et aussi dans leur défiance vis-à-vis de tout ce que peuvent offrir l'Industrialisme moderne, l'économie politique, l'émancipation des femmes, la démocratie, le parlementarisme, et le dogmatisme des hypothèses scientifiques. Un disciple de Comte aussi bien qu'un compagnon de Saint Georges,

(1) Auguste Comte a mentionné en termes sympathiques le nom de Ruskin dans deux lettres écrites par lui en 1857 à son disciple anglais John Fisher (Note du trad.).

pourrait souscrire *mutatis mutandis* aux articles fameux, formulés dans la lettre LXVIII et, pourrait accepter avec les mêmes réserves les seize aphorismes de la Lettre LXVII. Ce qu'il y a de poétique, de sentimental, de métaphysique dans la *nephelococcygia* de *Fors* trouverait d'amples analogies et même sa confirmation dans la science systématique et dans la religion historique de la *Politique positiviste.*

CHAPITRE XV

PRÆTERITA

Le dernier ouvrage de Ruskin, qu'il écrivit, dans sa première résidence, en mai 1885, à l'âge de soixante-sept ans, est bien la plus charmante chose qu'il ait donnée au monde et l'une des plus touchantes et des plus exquises *Confessions*. Après le grand trouble cérébral qu'il éprouva, en 1884, et après sa retraite définitive d'Oxford, son ami, le professeur Eliot Norton, l'engagea, pour occuper son esprit, à écrire ses souvenirs, au moins jusqu'à la crise de 1875 ; il commença à le faire pendant les intervalles de lucidité. Ces souvenirs et, avec eux, les fragments appelés *Dilecta*, maintenant réunis en trois volumes, furent composés à différentes époques jusqu'en 1889, où il entra dans sa soixante-et-onzième année.

« *J'ai écrit cela, dit-il, franchement, en bavardant*

et à ma guise » — *et réellement, il n'y a rien dans notre langue de plus naïvement sincère, de plus aimablement bavard et de plus agréable à lire* — « *J'écris, continue-t-il, le jour anniversaire de la naissance de mon père (son père était mort depuis vingt-et-un ans, sa mère depuis quatorze), dans la pièce qui était ma nursery dans la vieille maison où il nous conduisit ma mère et moi, il y a soixante-deux ans et lorsque j'en avais quatre. Ces pages qui sans cela n'eussent été que l'amusement d'un vieillard cueillant des fleurs chimériques dans les champs de sa jeunesse, ont pris, à mesure que j'écrivais, le noble caractère d'une filiale offrande au tombeau de mes parents, qui élevèrent mon enfance en vue de tout le bien dont elle était susceptible et dont le souvenir, par l'espoir de les avoir bientôt rejoints, sourit au déclin de ma vie.* »

« Je suis », déclare-t-il en commençant comme mon père l'était avant moi, un tory déterminé, un tory de la vieille école — de l'école de Walter Scott et aussi d'Homère — voilà mes premiers maîtres ». Les romans de Scott et l'*Iliade* de Pope étaient dans son enfance, ses lectures journalières, le Dimanche, il y ajoutait *Robinson Crusoe* et le *Pilgrim's Progress*. Nous avons là tout Ruskin en germe : les héros de la Grèce, les mythes, les rois et tout le peuple des êtres surnaturels ; chevaliers du

Moyen Age, écuyers, belles dames, prêtres, roturiers et bourgeois ; le solitaire séparé du reste du monde, réduit à la simplicité de la vie primitive, privé de tous les avantages de la civilisation ; en dernier lieu, le mysticisme théologique du Puritanisme avec son monde de fantômes Bibliques, images réelles et toujours présentes. Le mouton froid des dimanches l'empêcha seul, dit-il, d'embrasser la carrière que sa mère avait rêvée pour lui — celle d'un pasteur évangélique. Il finit néanmoins par être quelque chose comme une sorte de prédicateur en plein vent, avec une Armée du Salut de son invention, dont il était à lui seul, le directeur, l'état-major et toute la congrégation.

C'est par la lecture à haute voix de la Bible faite chaque jour à sa mère et continuée jusqu'à l'âge mûr, qu'il développa ses facultés et sa puissance de travail et qu'il acquit, nous dit-il, la meilleure part de son goût en littérature. Il nous donne ensuite ces délicieux portraits de son père, de sa mère, de ses tantes, de ses cousines et des serviteurs ; il nous décrit la discipline sévère de son enfance et ses curieuses habitudes de vagabonder autour du pays, si utiles pour l'éducation de ses yeux ; il nous dit comment il apprit seul à lire et à écrire et comment il glana ainsi des connaissances sur les plantes, les minéraux, le ciel et les montagnes. Nous avons ensuite l'histoire de la famille Domecq et de sa passion sans espoir pour Adèle, qui a déjà été contée. Rien de plus délicieux que l'histoire d'Anne, sa vieille bonne, qui avait « un don naturel pour exécuter les corvées désagréables, particulierement le service d'une chambre de malade, si bien qu'elle n'était dans toute sa gloire que lorsque quelqu'un de la maison gardait le lit ». Elle était également douée d'une façon surprenante pour *dire* des choses désagréables et pour les prendre tout de suite par leur plus mauvais côté avant de chercher à les arranger, si bien que la vieille Mme Ruskin soutenait gravement que si jamais une femme en ce monde avait été possédée du Diable, cette femme était Anne. Et comme portrait du même genre, rappelons-nous celui de la vieille Mause, le prototype de Mause Headrigg, qui grondait quand elle voyait jeter des miettes de pain par la fenêtre et qui était capable de dîner avec des pelures de pommes de terre pour donner son propre dîner à un pauvre. Le petit John retrouvait en elle le vieil esprit du puritain écossais dans toute la perfection de sa foi et de sa force de volonté et lui accordait « le respect et l'honneur qu'il mérite ».

Quel charme savoureux dans tous les récits de voyages en Angleterre et sur le continent et dans la description des voitures de poste ! C'est d'abord la vieille patache avec son siège de derrière pour la bonne et l'enfant dans laquelle ils visitèrent presque tout ce qu'il y avait de plus intéressant à voir en Angleterre. Puis ce fut la calèche luxueuse pour les voyages à l'étranger si agréable et si commode. Ceux d'entre nous qui ont connu le *vetturino* des Alpes, d'Italie et de la Riviera, ont des souvenirs que ne connaîtront jamais nos modernes globe-trotters ; et, quelque jour, lorsque l'électricité ou même les ballons fourniront tous les modes de locomotion, ces pages si amusantes des mémoires de Ruskin auront une rare saveur :

« *Les pauvres esclaves modernes et tous les naïfs qui se laissent conduire comme un troupeau ou entraîner comme un train de bois, à travers des pays qu'ils s'imaginent ainsi visiter, ne peuvent se faire aucune idée des joies complexes, des espoirs infinis, de l'ingéniosité qui s'attachaient dans l'ancien temps, au choix et à l'arrangement d'une voiture de voyage, — ce petit appartement qui devait être votre logis pendant cinq ou six mois.* »

Le touriste anglais qui s'est confié à M. Cook peut envier ou mépriser l'histoire de la *vettura* spacieuse qui devait contenir six personnes, tirée par quatre vigoureux trotteurs, les postillons, les courriers, les arrangements pris d'avance pour les auberges, les relais à raison de cinquante milles par jour, les arrêts du matin et du soir, les promenades autour du village, les crochets pour visiter un château ou une église. Et après le long parcours depuis Calais, à travers la Forêt Noire jusqu'à Schaffouse, voici qu'apparaissent pour la première fois, comme une vision du paradis, les Alpes neigeuses — « Les Alpes claires comme du cristal, se découpant au vif sur le pur horizon du ciel et déjà tintées de rose par les feux du soleil couchant. » Pour l'enfant de génie ce fut comme une révélation, comme « un appel » de la destinée.

« Je redescendis ce soir-là de la terrasse du jardin de Schaffouse avec ma destinée fixée dans tout ce qu'elle pouvait avoir de sacré et d'utile. Vers cette terrasse et vers les rives du Lac de Genève, mon cœur et ma foi se reportent en ce jour à chaque noble sentiment qui vit encore en moi et à chaque pensée de réconfort et de paix. »

Le récit de ces voyages précoces et des visites aux Lacs et en Ecosse, la description de la maison du Surrey expliquent le développement des facultés de celui que Mazzini appelait « l'esprit le plus analytique de l'Europe »; ils font comprendre ce que Ruskin s'attribue très justement « la patience pour observer et la précision dans les sensations — un désir ardent et méthodique d'accumuler des faits visibles ». C'est là vraiment une sorte de vivisection. Il en est de même de cet aveu que Don Quichotte qui, enfant, le faisait rire aux larmes, est maintenant devenu pour lui « l'un des livres les plus tristes et les plus choquants ». Hélas ! John Ruskin ressemblait un peu au chevalier de La Manche, comme lui il devait apprendre que tout le dévouement d'un chevalier errant, tout le romanesque du Moyen Age, malgré toute leur beauté poétique, ne peuvent, ici-bas et dans notre siècle, avec une lance rouillée et un coursier fourbu, réformer le monde. C'est superbe ; c'est peut-être une noble guerre ; mais il n'y a point là une philosophie sociale qu'on puisse appliquer, ni une religion qu'on puisse pratiquer.

Il paraît bien le comprendre un peu lui-même, du moins, il le laisse pressentir, quand il se lamente sur les erreurs de sa première éducation, son isolement, l'éloignement pour lui de tout risque, de toute fatigue, de tout souci, de tout camarade au point que les garçons le prenaient pour un naïf et le traitaient comme une fille ; « un monde de présomptions était en lui et le rendait indifférent aux moqueries ». Si seulement ses parents, dit-il, avaient consenti à lui donner quelque espèce de poney gallois bien hirsute et à le confier à quelque guide du pays et à sa femme au lieu de le couver à la maison « ils auraient pu ainsi faire de moi un homme ». Et cela amène la charmante histoire des efforts faits pour lui apprendre à monter à cheval à l'école d'équitation de Moorfields et comment il tombait chaque fois qu'il prenait un tournant, jusqu'au moment où ses parents renoncèrent à cette partie de son éducation, se consolant par la pensée que « cette impossibilité absolue d'apprendre à monter à cheval était évidemment le signe d'un génie particulier ».

Délicieusement naïve aussi l'histoire des fiançailles de son père avec sa mère Marguerite Cox, « comment il la choisit avec la même sérénité et la même décision qu'il mit plus tard à choisir ses commis » ; comment les amoureux attendirent neuf ans et « furent mariés à Perth un beau soir, après souper, sans que les serviteurs se doutassent de rien jusqu'au moment où James et Marguerite partirent ensemble le lendemain matin pour Edinburgh ». John James eut certainement plus de décision en amour — il fut aussi plus constant que son fils, tout de vif argent. Nous avons vu déjà de quelle manière, à soixante-six ans, le fils rappelait ses premières amours de la dix-septième année :

« *Je n'avais ni assez de résolution pour triompher d'Adèle, ni assez de fermeté pour renoncer à elle, ni assez de bon sens pour considérer à quoi tout cela aboutirait, ni aucune idée des ennuis que je causais ainsi à tous ceux qui m'entouraient. Vraiment, il n'y avait en moi pas plus de capacité et d'intelligence que dans un jeune hibou qui vient de mettre ses premières plumes ou que dans un petit chien qui vient d'ouvrir les yeux et ne peut se consoler de l'existence de la lune.* »

Nous avons vu aussi comment il décrit son entrée à Christ Church et le désappointement de ses chers parents qui avaient escompté pour lui « tous les prix à la fin de l'année et des honneurs doubles pour finir, qui espéraient le marier avec Lady Clara Vere de Vere, lui voir écrire des poèmes aussi bons que ceux de Byron, mais plus religieux, prêcher des sermons aussi bons que ceux de Bossuet, mais protestants, devenir, à quarante ans, évêque de Winchester et, à cinquante ans, Primat d'Angleterre ». Il n'y avait pas à craindre qu'il fût joueur, car il regardait les cartes comme on regarde la dynamite ; rien à redouter du côté des mauvaises femmes, car il était amoureux et d'ailleurs toujours rentré avant dix heures ; pas davantage de dettes puisqu'il n'y avait pas de tableaux de Turner à acheter à Oxford et c'était les seules choses qu'il désirât ; aucun risque qu'il tombât de cheval à la chasse, car il ne pouvait se tenir même sur une rosse, ni qu'il se mît à parier, car il ne voulait gagner l'argent de personne. D'ailleurs il ne manquait jamais chaque soir d'aller prendre le thé avec sa mère.

Il n'y a rien, dans *Prœterita*, de plus charmant et en même temps, rien qui jette un jour plus vif sur l'auteur que la manière dont il nous décrit son amour passionné pour la nature. « J'ai, dans mon petit réduit d'argile, comme de petites fioles toutes remplies du sentiment respectueux de Wordsworth, de la sensibilité de Shelley et de l'exactitude de Turner réunis ensemble. Un perce-neige était pour moi comme pour Wordsworth une partie du Sermon sur la Montagne, mais je n'aurais jamais écrit un sonnet sur la « *celandine* » à cause de sa vilaine couleur jaune et de sa forme imparfaite. Comme Shelley, j'aimais le ciel bleu et les yeux bleus, mais jamais je n'aurais pu confondre à aucun degré les cieux mêmes avec mon propre petit Psychidion... Je ne me fatiguais point à désirer pour la pâquerette qu'elle pût admirer la beauté de son ombre, mais je cherchais à reproduire moi-même cette ombre aussi exactement que possible ».

« Personne, dit-il en 1839, ne s'intéressait à Turner si ce n'est le vieux carrossier retiré de Tottenham et moi ». Qu'il me soit seulement permis de dire ici en ce qui me concerne que mon père, vers 1840, m'avait appris à admirer les Turner que nous allions voir, au mois de mai de chaque année, à Trafalgar Square. Un des côtés étranges chez Ruskin c'est l'indifférence qu'il eut dans sa jeunesse pour l'Italie et l'art italien. En quittant Oxford, à l'âge de 22 ans, il séjourna à Florence et à Rome et il assure, très sincèrement, « qu'il n'avait aucune idée de l'art chrétien primitif. » Il éprouva « une véritable déception » à Florence, « tout l'art sacré lui parut nul », et la Tribune des Uffizi « un inconvenant mélange formé par des gens qui n'y entendaient rien et ne se souciaient de rien moins que de l'art ». A mesure que l'on approchait de Rome, ses parents, en vrais calvinistes, remarquèrent triomphalement que « les routes devenaient de plus en plus mauvaises ». Le Forum, Saint-Pierre, le Colisée, le Capitole étaient également « sans intérêt ». La « Transfiguration de Raphaël » était « une vilaine peinture ». Les « Loges », ne pouvaient plaire à personne. Il fut aussi désappointé par Naples et ses environs. Pour nous, en plein xxe siècle, il semblera incroyable que, il y a soixante ans, un jeune homme doué d'un tel génie artistique, qui, depuis son enfance, avait écrit sur l'art, qui l'avait étudié à fond ait pu faire preuve d'une si grossière ignorance lors de son premier voyage en Italie. Mais nous devons nous souvenir de tous les changements que, dans le cours de ces soixante années, la lecture des *Modern Painters* et des *Sept Lampes* a produit en nous. Rappelons-nous aussi que Ruskin sortait de maladie et qu'il voyageait pour préserver sa santé. Il nous dit que Rome était bien le pire endroit où on aurait dû le conduire et qu'à cette époque et pendant tout le temps qu'il y resta, il était « simplement comme un jeune têtard tout agité et détrempé ».

Le retour dans les Alpes, les glaciers et les lacs de la Suisse rendirent la santé à ce cerveau surmené et à cette organisation délicate. Les effets miraculeux des montagnes sur Ruskin devraient, comme il le dit dans *Prœterita*, être médités par les psychologues et par les médecins. Ces volumes renferment quelques-unes de ses descriptions, de ses paysages les plus exquis, et souvent ils ne sont que des extraits de son journal qui n'étaient destinés à être connus que de lui seul ; telles sont les vues de Dôle et du col de la Faucille (*Prœter.*, I, 193). J'ai pu, moi-même, en juger certain matin de 1851, par le plus magnifique et le plus rutilant lever de soleil précédant un orage. Un autre morceau étonnant est la description du Rhône au-dessous de Genève (*Prœter.*, II, 90) une des plus superbes peintures que Ruskin ait jamais écrite ; ou encore le torrent du glacier du Triolet (*Prœter.* II, 221). Un souvenir intéressant pour nous date de 1849 (il avait alors trente ans) ; c'est l'observation de la dure existence des montagnards qui l'amena à méditer sur la question sociale et qui fut l'origine de son projet de la Société de Saint-Georges. « Ce fut la fin de ses jours de jeunesse joyeuse et le commencement de ses véritables travaux dans ce monde — au moins de ses travaux en vue d'objets qui en étaient dignes ».

Præterita nous donne, avec *Fors Clavigera*, un récit complet du développement graduel de la pensée religieuse chez Ruskin. Elevé dès l'enfance dans la foi évangélique stricte et le christianisme biblique, il conserva cette *croyance* jusqu'à sa maturité, mais il est évident qu'il n'éprouva jamais pour elle une profonde *sympathie* spirituelle. Ses longues études sur les peuples étrangers et sur l'art du Moyen Age le détachèrent peu à peu des vues évangéliques, et, comme il le dit en 1845, alors qu'il avait trente ans, elles furent remplacées par des sympathies qui le rapprochaient du catholisme. « Pourquoi alors ne suis-je pas devenu un Cahotlique ? demande-t-il, et il répond : « Pourquoi ne suis-je pas devenu un Adorateur du Feu, moi qui aimais tant le soleil ? » Il nous dit lui-même que son voyage d'Italie en 1858, à l'âge de trente-six ans, marqua « son abandon définitif de la doctrine puritaine ». Son intimité avec Carlyle, Froude et d'autres, le conduisit à des appréciations tout à fait larges, dégagées de tout dogmatisme théologique, sans diminuer sa forte conviction dans la Providence et le sens spirituel de l'Ecriture. La tragédie de sa vie — le refus de Rose La Touche et la mort de celle-ci — le ramenèrent à un christianisme plus défini et, c'est dans cet état que s'écoulèrent les vingt dernières années de son existence si mouvementée, tout en restant complètement détaché de toute église formelle ou de toute doctrine d'école. Un passage des *Prœterita* (III, 7) exprime bien le fond même de la croyance religieuse de toute sa vie.

« *Tandis que ces convictions (la condamnation de la vie monastique sous toutes ses formes) m'empêchèrent d'accepter jamais l'enseignement catholique malgré mon respect pour l'art catholique des grands siècles — peut-être aussi parce que l'art catholique, des siècles médiocres ne me disait rien par lui-même, — je devins chaque jour plus convaincu que la paix de Dieu repose dans les cœurs soumis et tendres des hommes pauvres et laborieux et que la seule forme durable d'une religion pure se trouve dans le travail utile, l'amour fidèle et une charité sans borne.* »

Eh bien ! c'est là l'essence même de la religion de l'Humanité.

CHAPITRE XVI

LES DERNIERS JOURS

Les dix dernières années de la longue existence de Ruskin (1889-1899) s'écoulèrent dans une retraite et un repos absolus, interrompus seulement par quelque rare visite d'un ami intime, quelques mots sur ses publications et les travaux des autres et, parfois, la perte d'un de ses plus chers amis. Il jouissait de la vie, il pouvait se promener, jouer aux échecs, écouter une lecture, tourner les feuillets d'un livre aimé, aspirer le parfum de ses roses et fixer ses regards par-dessus le lac vers les collines de Coniston. Ses forces déclinèrent peu à peu sans souffrance et sans maladie jusqu'au moment où il ne fut plus qu'un invalide, sur une chaise longue, passant la plus grande partie de son temps dans sa chambre ou dans son cabinet, sans autre compagnie que celle de l'un ou l'autre des membres de la famille Severn qui lui prodiguait les soins les plus touchants.

Son quatre-vingtième anniversaire (8 fév. 1899) fut célébré par une avalanche de lettres, de télégrammes, d'adresses, de bouquets et de cadeaux venus de tous les points du pays et même de l'étranger. La grande adresse, illustrée sur velin, signée du Prince de Galles et d'une foule de personnages de marque lui fut présentée par une députation. L'Université d'Oxford, la Société Ruskinienne de Londres, le conseil de paroisse de Coniston envoyèrent des adresses semblables ; les amis intimes y joignirent leurs compliments et la presse entière ses plus cordiales sympathies. Un soir qu'il était occupé à regarder un portrait de sir Edward Burne-Jones, il dit : « C'est là mon frère bien-aimé, Ned. » Le jour suivant, l'artiste mourait et ce fut le coup le plus dur pour le vieillard. Pendant cet automne et l'hiver qui suivit, il resta extrêmement faible tout en gardant l'esprit clair et reposé.

En janvier 1900, l'influenza fit rage à Coniston et gagna Brantwood. Le 18 janvier, elle le prit, il se releva un peu le lendemain, mais le 20, il eut une défaillance et s'endormit doucement dans la chambre tapissée de ses chers Turner et entouré de tous ceux qu'il aimait. Sans parole, sans lutte, il avait passé dans son dernier sommeil, environ deux semaines avant son quatre-vingt et unième anniversaire. Le monde entier, celui des lettres, la presse et les nombreuses Sociétés rattachées à son nom et à ses œuvres, firent retentir ses louanges et rappelèrent tout ce qu'il avait fait de bien avec des mots très justes, mais qui venaient un peu tard.

Sur son désir formel, la famille le fit inhumer dans le cimetière de Coniston et déclina l'offre d'une sépulture à Westminster. Un médaillon de bronze par Onslow Ford de l'Académie Royale fut consacré dans l'Abbaye par un groupe nombreux d'amis et d'admirateurs et on choisit sa place dans le Coin des Poètes, tout près du buste de Walter Scott. Il fut inauguré par Mme Severn le 8 février 1902 jour anniversaire de sa naissance. Avec une simple pompe villageoise, accompagné de ses parents et de quelques intimes, il fut mis au tombeau auprès de ses vieux amis, les Beevers, sous un sapin, non loin de l'école publique. Tout ce qu'il y eut d'inusité dans ces funérailles, ce fut le déploiement de vives couleurs à la place du noir qu'il détestait même dans le deuil. Le drap mortuaire était fait d'une riche soie cramoisie, brodée d'un semis de ses roses favorites sur champ gris, avec ces mots *Unto this Last.* La chapelle disparaissait sous les guirlandes blanches, vertes et violettes et on y remarquait surtout la grande croix faite de ces roses rouges qu'il aimait tant, déposée par sa cousine Jeanne Severn.

« Rien de noir ne parut à ses obsèques, en dehors de celui qui assombrissait nos cœurs meurtris » a écrit son ami et son secrétaire dans cette « Vie de Ruskin » qui est un si admirable tribut à la mémoire de son maître.

Ne laissons donc pas s'assombrir le souvenir que nous gardons de lui — voilà ce que pensent tous ceux d'entre nous qui aiment une splendide nature et qui honorent un rare génie.

TABLE DES MATIÈRES

Préface du Traducteur.	5
Chap. I. — Les premières années	9
Chap. II. — Premiers essais littéraires	33
Chap. III. — L'Amour. — Oxford. — Turner. . . .	47
Chap. IV. — Les « Peintres modernes. »	62
Chap. V. — « Les Sept lampes de l'Architecture » . .	78
Chap. VI. — Les « Pierres de Venise »	94
Chap. VII. — Les relations sociales de Ruskin. — Ruskin critique et conférencier	115
Chap. VIII. — Ruskin réformateur social	133
Chap. IX. — La Morale du travail et de l'art	158
Chap. X. — Ruskin professeur à Oxford	176
Chap. XI. — L'Œuvre et l'influence de Ruskin à Oxford.	200
Chap. XII. — Maladie. — Désappointement. — Retraite.	219
Chap. XIII. — Expériences sociales. — La Société de Saint-Georges	238
Chap. XIV. — « Fors Clavigera ».	262
Chap. XV. — « Præterita »	283
Chap. XVI. — Les derniers jours.	300

Saint-Amand (Cher). — Imprimerie BUSSIÈRE.

www.ingramcontent.com/pod-product-compliance
Lightning Source LLC
Chambersburg PA
CBHW052241220526
45471CB00001B/145